Brian Edwards
Wenn die Show das Wort erschlägt

Brian Edwards

Wenn die Show das Wort erschlägt

Tanz und Theater in Evangelisation und Gottesdienst

betanien

1. Auflage 2003

Originaltitel: *Shall We Dance?*

Die deutsche Ausgabe wurde mit freundlicher Erlaubnis
leicht gekürzt und bearbeitet.

Postfach 14 57 · 33807 Oerlinghausen
www.betanien.de · info@betanien.de
Übersetzung und Bearbeitung: Hans-Werner Deppe, Oerlinghausen
Umschlaggestaltung: Lucian Binder, Metzingen
Satz: Betanien Verlag
Herstellung: GGP Media, Pössneck

ISBN 3-935558-60-0

Inhalt

Vorwort

Dieser Beitrag zur Debatte der Evangelikalen über Tanz und Theater entstammt einer besonderen gemeindlichen Situation. In unserer Gemeinde nahmen wir die Apostelgeschichte durch, um uns mit unserem Auftrag zur Evangelisation zu befassen. Dabei mussten auch verschiedene Evangelisationsmethoden diskutiert werden. Da wir eine lebendige Jugendgruppe haben, die hier am Ort evangelistisch aktiv ist, und einen Vollzeit-Evangelisten, der uns unablässig motiviert, jede evangelistische Gelegenheit zu ergreifen, hielten wir es für richtig, keine denkbare Möglichkeit außer Acht zu lassen.

Als ich mich mit diesem Thema zu beschäftigen begann, verdeutlichten mir Gläubige aus anderen Gemeinden, dass dieser Themenkomplex eine gründliche Analyse und Ausarbeitung erfordert. Vielleicht wird nicht jeder meinen Schlussfolgerungen zustimmen, aber ich kann sie jedenfalls als Ergebnis einer sorgfältigen und so weit wie möglich unvoreingenommenen Untersuchung und Diskussion anbieten. Ich schulde vielen Gläubigen in und außerhalb unserer Gemeinde Dank, die mit mir diskutiert, mich beraten und mich korrigiert haben. Einige von ihnen sind Profis auf den Gebieten von Tanz und Theater.

Den Hintergrund einer praktischen Gemeindearbeit mit vielfältiger evangelistischer Aktivität sollte man bei diesem Buch im Auge behalten. Es ist keine theoretische Abhandlung, die in einem bequemen Sessel entstanden ist!

Obwohl der Autor für jedes Detail dieses Buches allein verantwortlich ist, kann ich sagen, dass die Schlussfolgerungen im Großen und Ganzen den Überzeugungen der Gemeindeglieder und -leiter meiner Heimatgemeinde entsprechen, insbesondere derer, die direkt an vorderster Front in der Evangelisation kämpfen. Wir hoffen und beten, dass dieses Buch ein nützlicher Beitrag zur Debatte über Evangelisation und Darbietungskunst sein möge.

Brian H. Edwards
Hook Evangelical Church, Surbiton, Surrey (bei London)

Kapitel 1

Tanz und Theater sind der Trend

Die charismatische Erneuerungsbewegung hat sich auf die heutige Christenheit unbestreitbar weitreichend ausgewirkt. Manche Auswirkungen waren anregend, herausfordernd und erfreulich positiv, andere engstirnig, spalterisch und bedauerlich negativ. Diese Bewegung hat die Christenheit in zwei Lager geteilt – pro und kontra charismatisch. Oft wurden heftige Vorwürfe erhoben und Gegenschläge ausgeteilt. Zu welcher Seite wir uns auch zählen, laufen wir Gefahr, die ganze Opposition anhand der kleinen Minderheit bei uns am Ort zu bewerten. Ob charismatisch, nichtcharismatisch oder anti-charismatisch – viele von uns sind kurzsichtig. Es fällt uns so schwer, einige Schritte von unserer Tradition zurückzutreten und diese Bewegung objektiv einzuschätzen oder biblische Kriterien auf das »Gefühl im Bauch« anzuwenden, das uns für oder gegen etwas sein lässt.

Wir können außerordentlich wankelmütig, hartherzig oder leichtgläubig sein. Wir schlucken die Argumente, die »unsere Seite« vorbringt, die wir aber verwerfen würden, wenn »die anderen« so argumentieren würden. Zurückzutreten und fair zu sein fällt uns besonders schwer. Wir haben alle unseren Standpunkt und dieser Ausgangspunkt unseres Denkens bestimmt fast immer, was bei unserer Beurteilung herauskommt. Niemand ist vorurteilsfrei. Wie könnten wir auch? Wir sind alle persönlich von Gewohnheiten und biblischen Überzeugungen geprägt. Dafür brauchen wir uns nicht zu schämen. Man kann ehrlich und gerecht sein, auch wenn man mit Überzeugungen »vorbelastet« ist.

In keinem Teil dieses Buches soll die charismatische Bewegung als solche untersucht werden; das haben andere bereits ausführlich getan.[1] Eines ist jedoch unbestreitbar, ob wir es wollen oder nicht: Die charismatische Erneuerung ist von einer gewissen Lebendigkeit und Lebhaftigkeit charakterisiert. Viele haben sich dieser Bewegung zugewandt, weil sie einen so deutlichen Kontrapunkt zur kalten Formalität der Kirche setzt und sich dadurch auch von einem Teil der Evangelikalen abhebt, die einst für ihre

Lebendigkeit und Hingabe bekannt waren. In den Medien werden »evangelikal« und »charismatisch« heute oft gleichgesetzt, was nicht nur von der theologischen Unkenntnis des durchschnittlichen Journalisten zeugt, sondern auch belegt, dass die Evangelikalen traditionell für ihren Enthusiasmus bekannt waren. Neben dem Schwerpunkt auf Freude und deren Ausdrucksformen ist die charismatische Erneuerung von einer Reihe besonderer Begleiterscheinungen gekennzeichnet. Für unsere Belange interessieren uns davon nur zwei, nämlich Tanz und Theater.

Anfang der 70er Jahre fanden sich Tanz und Theater bei bekennenden christlichen Kirchen nur unter solchen, die die wahre Heilsbotschaft über Bord geworfen hatten und die daher auch nicht mehr den Wert christlicher Gemeinschaft und die Notwendigkeit von Evangelisation kannten. Tanz wurde die gesellige Samstagabend-Beschäftigung der liberalen Ortsgemeinden und Theatergruppen waren einfach weitere Angebote im Kirchenprogramm, bei dem man je nach Lust und Laune mitmachen konnte. Für Evangelikale waren Tanz und Theater Kennzeichen von Kirchen, die vom Weg abgekommen waren und sich mit der ihnen wohlgesinnten Gesellschaft angefreundet hatten. Theater spielten Evangelikale höchstens mit den Kindern beim Sonntagsschulfest. Darüber hinaus war es tabu.

Doch all das hat sich geändert. Ende der 60er und Anfang der 70er Jahre machten sich die ersten Auswirkungen der charismatischen Bewegung auch auf den bis dahin verbotenen Gebieten Tanz und Theater breit. Seit dem sind diese beiden Aktivitäten auf dem stetigen Vormarsch ins Gemeindeleben. Anstatt dass sie als sicheres Zeichen für geistlichen Tod und liberale Theologie angesehen werden, gehen sie oft Hand in Hand mit dem Grundsatz der Bibeltreue und einem eifrigen Wunsch, Gott von Herzen und mit Freude anzubeten. Natürlich gibt es auch Trittbrettfahrer, die nicht wirklich dazugehören und nur fröhlich mitmachen, weil es Spaß macht, aber oft werden Tanz und Theater im Gottesdienst von solchen praktiziert, die Christus und sein Wort lieben und durch den Heiligen Geist von neuem geboren sind.

1972 zog eine Gruppe der christlichen Folklore-Musiker »Fisherfolk« von Houston (Texas) nach Potters Green in England um und förderte dort ein erneuertes Interesse an Tanz und Theater unter

Christen. Zwei Jahre später wurde die Firma *Celebration Services International* gegründet. Sie produzierte zwei populäre Liederbücher (*Sound of Living Waters* und *Fresh Sounds*), tourte mit Kleingruppen durch England und half den Gemeinden, Tanz und Theater in ihre Gottesdienste und evangelistischen Veranstaltungen zu integrieren. Die »Arts Centre Group« in London arbeitete seit Ende der 60er auf das selbe Ziel hin. Mit einer neuen Generation junger Leute, die sich entweder »aus der Welt« bekehrt oder einen toten Evangelikalismus verlassen hatten, gab es viele aufmerksame Interessierte, die bereit waren, neue Wege zu erkunden, wie man das Christentum lebendiger und herzerwärmender gestalten könnte. Als Zahlen und Interesse stiegen, gaben die evangelikalen Gemeinden entweder nach oder sie schotteten sich ab. In beiden Fällen dachten sie meistens nicht sorgfältig über die Sache nach.

Andere hingegen setzten sich intensiv mit dem Thema auseinander. Einige Akademiker schrieben tiefschürfende Veröffentlichungen[2] und auch allgemeinverständliche Bücher behandelten das Thema freimütig.[3] Aber im Allgemeinen wurde die Sache entweder mit offenen Armen akzeptiert oder mit verschlossenem Herzen abgelehnt. Wir wagen jedoch nicht, eine dieser beiden Positionen einzunehmen. Schließlich erwähnt die Bibel Tanz anscheinend im Zusammenhang mit Anbetung, und auch eine Art Theater kommt vielleicht in der Bibel vor. Deshalb dürfen wir diese Aktivitäten weder ignorieren noch sie ungeprüft übernehmen. Ein verächtliches Achselzucken oder ein euphorisches Umarmen mögen bequemer sein, sind aber keine weisen Reaktionen.

Infolge dieses Einflusses von Tanz und Theater auf das Christentum haben sich einige »hohe klerikale Tiere« in den USA herabgelassen und die Initiative ergriffen. Auf der Synode der Reformierten Kirchen wurde 1982 folgender Entschluss gefasst:

> Die Synode verordnet, dass die christliche Gemeinschaft lernen soll, wie man der Erlösung entsprechend tanzt. Alte und junge, reife und jugendliche Christen sind aufgefordert, dem Tanz geradewegs in die Augen zu blicken und ihn zu erlösen.

Die durch diese Verordnung ausgelöste Verwirrung ist verständlich, wenn wir bedenken, dass die Synode derselben Kirche 1928 eine völlig entgegengesetzte Ansicht verfasst und diese 1945 bestätigt hatte:

> Angesichts der rapide wachsenden Beliebtheit des Tanzens beider Geschlechter und dem niedrigen moralischen Zustands der heutigen Tänzer glauben wir, dass christliche Eltern und Lehrer und die christliche Kirche sogar den unschuldigsten Formen dieser Vergnügungsart skeptisch gegenüberstehen sollten. Der Folklore-Tanz und der Gesellschafts-Tanz werden so leicht zum Sprungbrett für den unmoralischen Tanz. Das Kind, dem man Tanzunterricht erlaubt, wird in der Regel nicht vor dem gemischtgeschlechtlichen Tanz Halt machen, auch wenn die Eltern dies fordern und erwarten und sagen: »Hier ist die Grenze!« Es hat den Gefahrenbereich betreten und kann seine Seele verlieren, weil die Eltern so sorglos waren![4]

Das ist ein sehr typisches Beispiel für die Kehrtwenden, die heute so oft Verwirrung stiften. Ein Pastor einer Reformierten Gemeinde wollte wissen, welche Sünde als nächstes »erlöst« werden solle. Das wäre ein guter Kommentar, wenn tatsächlich jeder Tanz prinzipiell Sünde ist. Doch Gott ist es, der festlegt, was Sünde ist – und nicht die Reformierte Gemeinde oder sonst jemand.

An dieser Stelle sollten wir zunächst einige Definitionen aufstellen. Verschiedene Menschen verstehen unter Tanz und Theater etwas ganz Unterschiedliches. Daher ist es hilfreich festzulegen, wie wir diese Begriffe in diesem Buch gebrauchen. Ich werde zwei weit gefasste Definitionen verwenden, die aus Quellen stammen, die keine eigennützigen Zwecke verfolgen. Dann werde ich die elementaren Inhalte aus jeder Definition ziehen und schließlich für beide Begriffe eine einfache Beschreibung anbieten. Als Leser müssen Sie die folgenden Seiten aufmerksam lesen, ansonsten werden Sie hinterher meinen, ich hätte etwas gesagt, was ich in Wirklichkeit nicht gesagt habe. Ich habe mir die Mühe gemacht und meine Definitionen mit Profis auf den Gebieten von Tanz und Theater besprochen. Diese Profis sind nicht für meine Schlussfolgerungen verantwortlich, aber sie haben mich sicherlich davor bewahrt, zu weit abzuirren.

Eine Definition von Tanz

Die *Encyclopaedia Britannica* ist für unsere Zwecke sicher neutral und deshalb beginnen wir mit ihrer Definition von Tanz:

> Die Kunst, den Körper auf rhythmische Weise zu bewegen, gewöhnlich zu Musik, um ein Gefühl oder einen Gedanken auszudrücken, eine Geschichte zu erzählen oder einfach um Freude an der Bewegung als solche zu haben.

Die Kernaussage dieser Definition ist, dass Tanz eine *Kunstgattung* ist, die mithilfe des Körpers etwas kommuniziert oder einfach Vergnügen bereitet. Dass Tanz eine Kunst ist, unterscheidet ihn unmittelbar von unbewussten Körperbewegungen. Kunst erfordert einen Plan oder zumindest einen bewussten Zweck. Das bedeutet nicht, dass jede Bewegung und jedes Detail unbedingt geplant sein müssen, aber dass die Bewegungen, um Tanz zu sein, einem bewussten Zweck dienen müssen. Der Zweck besteht darin, »ein Gefühl oder einen Gedanken auszudrücken« oder »Freude an der Bewegung als solche zu haben«. So können wir sagen, dass Tanz sowohl bewusst geplant als auch zweckbestimmt ist. Das aufgeregte Kind, das die Straße entlang hüpft, tanzt nicht. Der Zuschauer im Fußballstadion, der mitfiebert und mit dem Fuß in die Luft »schießt«, tanzt ebenfalls nicht. Auch wenn ein Gottesdienstteilnehmer die Hände gen Himmel reckt, tanzt er nicht, ebenso wenig wie der Prediger, der seine Botschaft mit dem ganzen Körper kommuniziert. Es stimmt, dass jede Bewegung ein Gefühl oder einen Gedanken ausdrückt – die Aufregung des Kindes, das »Mitfiebern« des Zuschauers, das Flehen des Gottesdienstteilnehmers, der Nachdruck des Predigers –, doch sind das alles unbewusste Bewegungen, ungeplant, nicht eingeübt, und sie dienen nicht an sich dem Vergnügen. Wenn all diese spontanen Aktivitäten »Tanz« wären, müssten wir für die Kunst eingeübter Bewegungen ein anderes Wort finden.

Für unsere Zwecke ist die Definition der *Encyclopaedia Britannica* hilfreich. Die Phrase »gewöhnlich zu Musik« können wir ruhig weglassen, da dies für die Definition von Tanz nicht elementar ist. So bleibt uns: »Die Kunst, den Körper auf rhythmische

Weise zu bewegen, um ein Gefühl oder einen Gedanken auszudrücken, eine Geschichte zu erzählen oder einfach um Freude an der Bewegung als solche zu haben.«

Folglich gibt es zwei Arten von bewusstem und geplantem Tanz. Die erste ist der Tanz als Aufführung, entweder um ein Ereignis darzustellen oder eine Botschaft zu vermitteln. Dabei muss der Tanz eingeübt und vor einem Publikum aufgeführt werden. Diese Art von Tanz wird heute oft in Gottesdienst und Evangelisation eingesetzt. Wir werden ihn als *Darbietungstanz* bezeichnen.

Die zweite Art von Tanz dient allein dem Vergnügen der Tänzer. Ich weiß, dass unsere Definition auch auf die Übungen der »Frühsport-Gruppe« einer Ortsgemeinde zutreffen würde, doch wenn die Beschreibung passt, dann tanzen sie tatsächlich. Manchmal bewegen sich ganze Gemeindeversammlungen rhythmisch und absichtlich nach einem bestimmten Muster, um Lobpreis oder Freude oder beides auszudrücken. Viele einzelne Bewegungen sind dabei ungeplant und spontan. Das ist Tanz, aber weil es nicht als Darbietung gedacht ist, nennen wir ihn *persönlichen Tanz.*

Eine Definition von Theater

Beim Begriff »Theater« ist es schwieriger, eine befriedigende Definition zu finden. Das liegt zum Teil an der endlosen Debatte, was die eigentliche Natur des Theaters und dramatischer Literatur ist, und zum anderen Teil daran, dass eine Vielzahl verschiedener Aktivitäten »Theater« genannt werden.

Ein Wörterbuch nennt folgende Definition: »Ein Stück in Prosa oder Versform, das darauf ausgelegt ist, auf einer Bühne aufgeführt zu werden, wobei mittels Dialog und Handlung eine Geschichte erzählt und wie im realen Leben mit begleitenden Gesten, Kostümen und Kulissen präsentiert wird; ein Schauspiel« (*Shorter Oxford English Dictionary* zum Stichwort »drama«). Auch wenn es anmaßend klingt, das Oxford-Wörterbuch zu kritisieren, ist diese Definition gänzlich unpassend. Ein Theaterstück muss nicht auf einer Bühne aufgeführt werden (z. B. Radio-Hörspiele), es braucht auch keinen Dialog (z.B. Pantomime), und es braucht nicht unbedingt »Kostüme und Kulissen« (z. B. Hörspiele oder Straßensketche).

Ein anderes Wörterbuch (*Webster's New Collegiate Dictionary*) bringt uns schon näher an eine brauchbare Definition heran: »Ein Stück in Versform oder Prosa, das das Leben oder einen Charakter schildern oder eine Geschichte erzählen soll und gewöhnlich Konflikte und Emotionen mittels Aktion und Dialog beinhaltet und typischerweise für eine Vorführung im Theater konzipiert ist.« Ich würde hinter »Prosa« die Worte »oder Mimik« einfügen und zwischen »Aktion« und »Dialog« ein »bzw.« Sonst dient diese Beschreibung als Amboss, auf dem wir eine passende Definition zurechthämmern können.

Zwei Schlüsselbegriffe machen etwas zu einem Theaterstück: *Darstellung* und *Konflikt*. Die Schauspieler stellen reale oder fiktive Personen dar. Auch wenn der Schauspieler sich selbst darstellt, ist das eine Darstellung. Theater ist nie eine Handlung, die zum Leben gehört, sondern bestenfalls ein Nachspielen des Lebens. Das griechische Wort, das in der Bibel mit »Heuchler« übersetzt wird (*hypocrites*), bedeutet eigentlich »Schauspieler«. Er spielt eine Rolle, »zieht eine Schau ab«, und gibt vor, jemand anderes zu sein. Ich urteile hier nicht, ob dies gut oder schlecht ist, und das Wort »vorgeben« soll hier nicht wertend gemeint sein.

Das zweite Element bei Theaterstücken ist der Begriff »Konflikt«. Niemand interessiert sich für eine Abfolge zusammenhangsloser Ereignisse, die auf einer Bühne vorgeführt werden. Eine Theateraufführung beinhaltet stets ein Thema, das aus miteinander in Beziehung stehenden Charakteren besteht, sodass sich eine Handlung, eine Geschichte bzw. ein Spannungsbogen ergibt. Das *Shorter Oxford English Dictionary* führt dieses Element in einer dritten Beschreibung von Theater an: »Eine Abfolge von Handlungen oder Ereignissen in einer dramaturgischen Einheit, die zu einer letztendlichen Katastrophe führen.« Diese Handlung, Spannung und Ereignisabfolge kann in einem Konflikt zwischen den Charakteren, den humoristischen Beziehungen einer Komödie oder der absurden und sinnlosen Entwicklung einer Farce bestehen. Die Handlung kann auch einfach die Aufführung eines biblischen Geschehens oder Gleichnisses sein. Jedenfalls hat ein Theaterstück immer Sinn und Zweck, gründet auf einen Plan und entfaltet in seinem Verlauf eine Handlung.

Viele zwingen dem Wort »Theaterspielen« eine so breite Definition auf, dass es letztlich bedeutungslos wird. Man sagt, auch im Alltagsleben würden wir theaterspielen: die wütend erhobene Stimmlage, der finstere Blick der Missbilligung, das furchtsame Ducken, das freundliche Lächeln usw. Doch hier verhält es sich genau wie beim Begriff »Tanz«: Wenn all das Theater ist, müssen wir ein anderes Wort für das verwenden, was von Schauspielern aufgeführt wird. Diese alltäglichen Reaktionen sind spontan und persönlich, d.h. es sind ungeplante Ausdrucksformen unserer persönlichen Gefühle. Das ist nicht Theater, sondern das reale Leben. Auch wenn manche im Alltag »theatralisch« oder »dramatisch« reagieren, ist damit nichts anderes gemeint als eine übertriebene und gefühlsbetonte, aber spontane und persönliche Ausdrucksweise.

Nun ist es an der Zeit, eine Definition von Theater aufzustellen, die auf all das zutrifft, was berechtigterweise unter diesem Begriff eingeschlossen werden sollte: »Ein in Versform, Prosa oder Mimik dargebotenes Stück, das ein Thema entfaltet. Es wird von Schauspielern aufgeführt, die andere – reale oder fiktive – Personen repräsentieren.« Diese kurze Definition beinhaltet alle elementaren Aspekte. Kulissen und Kostüme sind für ein Theaterstück entbehrlich, ebenso wie Musik für Tanz entbehrlich ist.

Wenn unsere Definition von Theater als Repräsentation anderer Personen zutrifft, schränkt sie ein, was nun wirklich »Theater« ist. Ein öffentliches Zeugnis (ein kurzer Lebensbericht) ist kein Theater; ein Dialog zwischen zwei Personen, die niemand anderen als sich selbst darstellen, ist kein Theater. Das öffentliche Vorlesen eines Gedichtes ist ebenso wenig Theater wie der Prediger, der einen Liedvers vorliest. Manchmal sagt man, der Bibeltext wurde »theatralisch« vorgelesen, womit man lediglich meint, dass der Text mit ausdrucksvoller Stimme verlesen wurde. Auch das Erzählen einer Geschichte in indirekter Rede (»Hans sagte: ... Anne antwortete: ... usw.«) ist kein Theaterstück. Ein Theaterstück beinhaltet, dass Schauspieler andere Personen darstellen. Das ist jedoch nicht das einzige Kriterium. Ein Prediger spielt nicht Theater, wenn er Petrus zitiert oder auch kurz so spricht, als wäre er selbst Petrus. Ein Theaterstück muss eine Handlung haben. Wir müssen unterscheiden zwischen Schauspiel und gewöhnlichen Kommunikationsmethoden. Wenn die Nachbarin beim Tratschen die Stimme verstellt und die Dame von gegenüber nachmacht, kann man wohl kaum behaupten, sie führe ein Theaterstück auf. Auch der Einsatz von Flanellbildern in der Kinderstunde ist kein Theaterstück (sonst wäre auch ein Referat mit Unterstützung eines Projektors ein Theaterstück), und auch Anschauungsunterricht mithilfe von Gegenständen ist kein Theater (sonst würde jeder Anatomieprofessor Theater spielen, sobald er Modelle oder Präparate verwendet). Ein Theaterstück ist das Darstellen anderer – realer oder fiktiver – Personen im Rahmen einer Vorführung, um eine Geschichte oder eine Handlung zu präsentieren.

Bevor wir fortfahren, muss noch ein weiterer Punkt erklärt werden: In manchen Fällen besteht keine klare Grenze zwischen Tanz und Theater, beide Bereiche gehen fließend ineinander über. Zwar haben beide ihre eigene Identität, doch die zwei haben eine eng verwandte Geschichte und überlappen sich bisweilen unauflösbar. Ein Beispiel dafür ist das wunderschöne Ballett *Schwanensee.*

Somit können wir nun folgende zwei nützlichen Definitionen aufstellen:

> Tanz: Die Kunst, den Körper auf rhythmische Weise zu bewegen, um ein Gefühl oder einen Gedanken auszudrücken, eine Geschichte zu erzählen oder einfach um Freude an der Bewegung als solche zu haben.

> Theater: Ein Stück in Versform, Prosa oder Mimik, das eine Geschichte erzählt und ein Thema entfaltet. Ein Theaterstück wird von Schauspielern vorgeführt, die andere – echte oder fiktive – Personen repräsentieren.

Warum Tanz und Theater?

Ausgehend von diesen beiden Definitionen ist es nun hilfreich, sechs Argumente zu nennen, mit denen der Einsatz von Tanz und Theater in Gottesdienst und Evangelisation üblicherweise gerechtfertigt wird. Diese sechs Argumente bzw. Behauptungen repräsentieren den Standpunkt der Befürworter recht gut, auch wenn die einzelnen Verfechter den einen oder anderen Punkt mehr oder weniger betonen würden. Hier geht es uns nicht direkt um die biblische Richtigkeit, sondern einfach um den angeblichen praktischen Wert von Tanz und Theater im Gemeindeleben.

Behauptung 1: Tanz und Theater sind elementar wichtig

Damit ist gemeint, dass Tanz und Theater Grundelemente von Anbetung und auch von Evangelisation seien. Sie sprechen elementare Aspekte der menschlichen Natur an und sind eine positive und ausdrucksvolle Weise, um Gefühle wie Freude und Liebe oder auch Trauer und Buße auszudrücken. Man muss nicht redegewandt sein, um seine tiefsten Gefühle im Tanz auszudrücken; man kann sogar stumm sein und sich dennoch Gott gegenüber bei der Anbetung passend ausdrücken. Wahres Christentum ist ein Glaube mit tiefen Gefühlen. Natürlich ist Christsein mehr als das, aber der Glaube muss den Menschen tief im Herzen bewegen. Herkömmlicherweise neigt das Herz stets dazu, sich durch Körperbewegungen mitzuteilen. Darauf beruht, wie wir sehen werden, insbesondere der Ursprung des Tanzes.

Patricia Beall und Martha Keys Barker haben dazu eine vielsagende Behauptung aufgestellt. Sie schreiben über die »tiefen Bedürfnisse des heutigen Menschen – das Bedürfnis, unsere eigenen Ressourcen für kreativen und künstlerischen Ausdruck zu entdecken« und schließen, diese Bedürfnisse »weisen neue Richtungen, die die Gemeinde einschlagen muss«.[5] Das ist eine starke Behauptung: *einschlagen muss.* Weil diese Künste für den Menschen von heute unverzichtbar sind, sind sie auch für das Leben der Gemeinde unverzichtbar. Wenn das stimmt, kann man wohl kaum leugnen, dass Tanz und Theater ein integraler Bestandteil des Gemeindelebens sein sollten.

Fairerweise müssen wir sagen, dass nicht alle Befürworter von Tanz und Theater den Ausdruck »integraler Bestandteil« akzeptieren würden. In ihrem Buch *Praise Him in the Dance* (»Preise ihn mit Tanz«) spricht sich Anne Long zwar für einen offenherzigen Einsatz von Tanz und Theater aus, doch ist sie zurückhaltend mit solchen Behauptungen wie denen von Beall und Barker. Sie sagt von ihrem Buch, dass es keineswegs »einige oder alle Christen nötigen will, in ein Programm einzusteigen namens ›jede gute Gemeinde sollte Kunst in der Anbetung vorantreiben‹«.[6] Und weiter schreibt sie: »Wenn ich diese Mittel empfehle, möchte ich damit nicht die extreme Aussage treffen, jedermann sollte sie einsetzen oder entsprechende Gruppen ins Leben rufen.« Das ist jedoch eher ein besänftigendes Stück Zuckerbrot für die Gegner als ihre eigene Überzeugung. Die Tatsache bleibt bestehen: Wenn all das stimmt, was über Tanz und Theater behauptet wird, dann sind sie für die Gemeinde noch elementarer als Anne Long offen zugibt.

Tatsächlich argumentieren heutige einige mit theologischen Argumenten für Tanz. Die stärkste Aussage von allen kommt von Clive Barker in seinen Beiträgen in dem Buch *Worship and Dance.* Er behauptet: »Aufgrund unserer ureigenen körperlichen Natur ist es unnatürlich, sich nicht durch Tanz auszudrücken.«[7] Er glaubt, dass »Tanz ein Teil des Erlösungsprozesses ist« und folgert, dass »Tanz zum Lebensstil des Christen gehören sollte.«[8] Weiter schreibt er sogar: »Es wäre daher keine Übertreibung zu behaupten, dass Tanz jene menschliche Tätigkeit *par excellence* ist, die exakt der christlichen Lehre von der Fleischwerdung entspricht und somit sogar als notwendiges Element der Anbetung des fleischgewordenen, gekreuzigten und auferstandenen Gottes betrachtet werden kann. Ist das nicht ›Gott verehren mit unserem Leib?‹«[9] Aussagen wie »Tanz ist ein Teil des Erlösungsprozesses« und »ein notwendiges Element der Anbetung« machen eine Beschäftigung mit diesem Thema so notwendig.

Behauptung 2: Tanz und Theater fördern geistliches Wachstum

Wir leben im Zeitalter der visuellen Medien wie Fernsehen, Multimediashows etc. und das hat tiefreichende Auswirkungen auf die Bildungsmethoden. In den Schulen werden Film und Fernsehen eingesetzt. Wir haben bereits den pädagogischen Nutzen von Theater erwähnt. In den letzten Jahrzehnten haben Pädagogen den Wert von Rollenspielen erforscht, um Kindern das Lernen erlebnisunterstützt zu erleichtern. Bei Rollenspielen handeln und reagieren Kinder in einer Situation und »fühlen« die Bedeutung, anstatt sie bloß mechanisch zu lernen. Wenn es stimmt, dass der Durchschnittsmensch beim Erreichen des Rentenalters insgesamt neun Jahre seines Lebens vor dem Fernseher verbracht hat und Kinder zwischen 5 und 15 Jahren auf beiden Seiten des Atlantiks etwa 24 Stunden pro Woche fernsehen, dann sind auch in unseren Gemeinden die Menschen vom Fernsehen geprägt. Wir lernen nicht mehr das Denken in abstrakten Begriffen, sondern um etwas zu verstehen, müssen wir es greifbar erleben. Auch in den Medien versucht man, Information und Unterricht attraktiv und amüsant zu gestalten. Man sagt, dass Menschen am besten lernen, wenn sie Spaß dabei haben. Deshalb folgern Patricia Beall und Martha Keys Barker: »Lasst uns die biblischen Geschichten durch Theaterspielen vermitteln, unsere Konzepte mit Pantomime und Tanz ausdrücken, unsere Gleichnisse visuell aufführen, unsere Werte anschaulich darstellen.«[10] Anne Long stimmt dem zu, drückt sich jedoch etwas vorsichtiger aus: Tanz und Theater als Begleitung einer Predigt seien »wie Fenster, die einen klareren Blick auf Gottes Wahrheit bieten«.[11] Theater ist eine interessante Weise, christliche Wahrheiten zu vermitteln und fordert zur persönlichen Teilnahme heraus. Das hat damit zu tun, dass Lerninhalte am besten über das Tor des Auges vermittelt werden. Bei einer solch wichtigen und freudigen Botschaft können wir nicht auf den Gebrauch wichtiger und freudiger Verkündigungsmethoden verzichten.

Behauptung 3: Tanz und Theater dienen der Evangelisation

Das ist die notwendige Schlussfolgerung aus Behauptung 2. Beall und Keys Barker sind völlig überzeugt, dass Tanz und Theater der relevanten Verkündigung des Evangeliums dienen: »Weil populäre Kunstformen zeitgemäß sind, stellen sie die Kommunikation zwischen Kirche und den Leuten wieder her, denen die traditionelle Sprache und Verkündigungsform fern liegen. Daher vermitteln diese Künste nicht Geheimnisse für Eingeweihte, sondern verkünden christliche Lehre und Anbetung in der Sprache und Erfahrung des Volkes.«[12] Anne Long ist derselben Überzeugung: »Tanz und Theater sind Kommunikationsformen … Mit Weisheit eingesetzt, können sie zu einem berechtigten Teil im Gottesdienst und Unterricht der Gemeinde werden.«[13]

Wenn es stimmt, dass Tanz und Theater das sind, was die Leute brauchen und am besten verstehen, dann ist die Schlussfolgerung fraglos richtig. Sicher müssen wir bemüht sein, die großartigste Botschaft der Welt in einfachster Weise zu vermitteln. Ein Modebegriff unter Theologen ist heute die *Kontextualisation.* Damit ist die Notwendigkeit gemeint, die Bibel sowohl in ihrem ursprünglichen Kontext zu verstehen (d.h. zur Zeit ihrer Niederschrift) als auch im heutigen Kontext (d.h. zur Zeit ihrer Anwendung). Wenn die Popularkünste – von denen Tanz und Theater nur zwei sind – integrale Bestandteile jeder Gesellschaft sind, dann müssen sie die Kommunikationsmethode der Gesellschaft sein. Daraus folgt, dass eine Gesellschaft, die mittels ihrer Künste kommuniziert, auch mittels ihrer Künste versteht. In der Evangelisation können wir es uns nicht erlauben, etwas zu ignorieren, was für die Kultur unserer Zeit und unserer Region so fundamental ist. Wir müssen darauf achten, in welchem kulturellen Kontext wir das Evangelium verkünden.

Im Neuen Testament gibt es zwar keine Hinweise auf Tanz und Musik zu evangelistischen Zwecken, doch waren die Wunder des Herrn »machtvolle und theatralische Inszenierungen des Reiches«.[14] Die Evangelisationsmethode unseres Herrn legitimiert nicht jede Form von Theater, die wir in christlicher Kommunikation einzusetzen versuchen, aber seine Methode offenbart »eine große Vielfalt von Methoden, deren wir uns bewusst werden und von denen wir lernen sollten, wenn wir Gottes Wahrheit verkünden wollen.«[15] Es wird behauptet, Tanz und Theater seien wie die Wunder Formen christlicher Verkündigung, die die Aufmerksamkeit besonders auf sich ziehen, die zu persönlicher Anteilnahme einladen und Gott ehren. In seinem Beitrag in *Worship und Dance* legt Ronald Jasper große Betonung auf Tanz als effektives Kommunikationsmittel. Durch Tanz, so behauptet er, »können wir ausdrücken, was wir glauben … und bedeutende Wahrheiten in wesentlich vielsagenderer Weise vermitteln als durch bloße Worte.«

Behauptung 4: Tanz und Theater stimulieren zur Anbetung

Gottesdienste und Anbetung sind heute oft kalt, formal und bar jeder Gefühle. Doch viele, insbesondere junge Leute sehnen sich danach, die Fesseln der Hemmungen zu brechen und die Freude über Gott von ganzem Herzen auszudrücken. Die wachsende

Beliebtheit von Tanz- und Theatergruppen ist ein Indiz für diese Veränderung in der evangelikalen Christenheit. Trockene, langatmige und predigtlastige Gottesdienste können eine junge, lebhafte Gemeinde nicht befriedigen. Wenn wir Gott lieben, können wir das nicht nur mit Worten, sondern auch mit unserem Körper zum Ausdruck bringen. Anne Long ist entschlossen: »Ein sicheres Anzeichen dafür, dass wir in der christlichen Freiheit wachsen, ist unser zunehmender Wunsch, Gott mit unserem ganzen Wesen zu preisen und anzubeten. Für einige schließt das auch Tanz mit ein.«[16] Die Argumentation verläuft also wie folgt: 1.) Tanz ist ein Ausdrucksmittel für Lobpreis, Dank und Freude, die Gott dargebracht werden, 2.) durch Tanz können wir neue Dimensionen persönlicher Freiheit entdecken; 3.) unser Körper kann ein legitimes Ausdrucksmittel des Lobpreises sein.

Patricia Beall und Martha Keys Barker kritisieren an einem Großteil heutiger Gottesdienste, dass sie stereotyp seien und ihnen die Freude fehle, die im Alten Testament zum Ausdruck kommt. »Unsere verschiedenen Fähigkeiten werden bei diesem Ereignis nicht zusammen eingesetzt, unsere Gedanken wandern ab, unser Rücken schmerzt, unsere Gefühle sind untätig.« Das mag leider in vielen Fällen eine zutreffende Beschreibung sein, aber die beiden Autorinnen gehen noch weiter und versuchen folgende Diagnose aufzustellen: »Diese mangelnde Integration geht auf mehrere Faktoren zurück. Da wir gewohnt sind, in erster Linie kopflastig anzubeten und den Verstand dabei einzusetzen, sind wir skeptisch gegenüber allem, was mit Gefühlen zu tun hat. Daher gestalten wir unsere Gottesdienste so, dass wir alles meiden, was die Gefühle anspricht. Der Einfluss der negativen puritanischen Einstellung zum Körper prägt den Gottesdienst und so meinen wir, jegliche körperliche Ausdrucksform sei Fehl am Platze.« Dann fahren sie etwas optimistischer fort: »Von vielen Seiten bekommt die Gemeinde signalisiert: Wenn sie Schritt halten will mit den einschneidenden Wirkungen anderer Medien auf den modernen Menschen, dann muss Anbetung die ganze Person ansprechen. Wir müssen beginnen, die Kräfte des Verstandes, des Körpers und der Gefühle in unserem Gottesdienst zu vereinen.«[17]

Tanz und Theater enthalten etwas Befreiendes, was Geist und Körper hilft, sich auf Gott zu konzentrieren. Warum sollte Anbetung die Aktivität nur eines Teils der Person des Anbetenden sein, wenn doch möglich ist, jeden Aspekt in einen einzigen Akt der Gottesverehrung zu integrieren? Natürlich werden nicht alle Tanz als der Anbetung dienlich verstehen, doch wird behauptet, viele täten das und noch viel mehr würden es tun, würden sie nur in Tanz eingeführt. Beim Tanzen können zumindest alle gleichberechtigt mitmachen, sogar Kinder.

Behauptung 5: Tanz und Theater sind nützlich für die Gemeinschaft unter Christen

Einst waren Tanz und Theater in der Gemeinde tabu, doch die Entwicklung hat dahin geführt, dass sie heute in vielen evangelikalen Kreisen ohne weiteres akzeptiert werden. Beall und Keys Barker reden begeistert und positiv vom Wert dieser Künste als Hilfe, um die Gemeinschaft der »Familie« zu fördern und sich gemeinsam zu entspannen und Freude miteinander zu haben. Sie beschreiben den zwanglosen Abend, an dem Christen sich zum Tanzen und Plaudern treffen. »Über ihre Schlüsselrolle für Anbetung und Lehre hinaus, geben uns diese Künste ein neues Forum, um einfach einander zu genießen.«[18] Sie verweisen außerdem auf den therapeutischen Nutzen dieser Künste, da sie Spannungen auflösen, die durch Uneinigkeit über lehrmäßige Fragen oder festgefahrene Meinungen entstanden sind: »Eine Zeit, wo man einfach Spaß zusammen hat und man sich ruhig einmal verrückt geben darf, hilft in komplizierten Situationen Mauern niederzureißen, die durch Uneinigkeit und Missverständnisse aufgekommen sind.«[19] Diese Autoren diskutieren sogar darüber, welche Tanzarten zu bestimmten Anlässen eingesetzt werden können.

Eine prägnante Aussage von John Hodgson fasst den Wert von Tanz und Theater für die »Gemeinschaft unter Christen« treffend zusammen: »Wir müssen uns gegenseitig erfreuen und berühren.«[20] Heute wird große Betonung gelegt auf den Wert des einst verpönten Körperkontakts. Das Küssen, Umarmen und der gemischte Tanz haben in unserer Zeit das Händeschütteln ersetzt. Viele sehen Körperkontakt als integralen Bestandteil von Beziehungen an. Er drückt Herzlichkeit und echte Zuneigung aus, und viele meinen, dass wir uns trotz der potentiellen Gefahren »gegenseitig erfreuen und berühren müssen«. Wenn Tanz ein bedeutendes Mittel zur angenehmen und tiefsinnigen Kommunikation ist, warum sollten wir ihn dann verbannen, nur weil manche ihn missbrauchen? Um ein modernes Sprichwort zu zitieren: Wenn der Teufel nicht alle gute Musik haben sollte, warum sollte er dann die besten Tänze haben?

Behauptung 6: Tanz und Theater sind legitime Ausdrucksformen der kulturellen Wurzeln

Folkloristische Kunst in der Gemeinde wird u.a. deshalb betont, weil man die Wichtigkeit der Kultur verteidigen will. Zweifellos ist Tanz ein Ausdruck des gesellschaftlichen Denkens und des nationalen Charakters. »Der lethargische, traumähnliche Tanz eines Orientalen, der stolze, ernste Tanz eines Spaniers, der temperamentvolle Tanz des Süditalieners und der wohltemperierte Rundtanz des Angelsachsen«[21] sind alle Ausdrucksformen nationaler und kultureller Identität.

In den nächsten zwei Kapiteln werden wir der Geschichte von Tanz und Theater auf die Spur gehen, aber hier wollen wir einfach herausstellen, dass insbesondere Tanz von vielen als Offenbarung der innersten Bedürfnisse des Menschen angesehen wird: »Das neue Aufleben der Popularkünste verdeutlicht, dass die Menschen von heute tiefe Bedürfnisse haben – ein Bedürfnis, ihre eigenen Ressourcen für kreativ-künstlerische Ausdrucksweisen zu entdecken, und einen Hunger, zurückzukehren zu den Wurzeln der Tradition und des Erbes, die uns geformt und genährt haben.«[22] Die Popularkünste sind jene, die vom »Volk« bzw. von Laien ausgeübt werden und die fast immer mit der eigenen Kultur verbunden sind. In der ganzen Welt besteht heute ein starker Wunsch, die Wurzeln der Volkskultur wiederzufinden. Wenn Tanz und Theater Möglichkeiten sind, diese Wurzeln auszudrücken, warum sollte dann der Christ nicht genauso seine nationale Identität ausdrücken wie jeder andere auch? Doch nun wollen wir die Diskussion um Tanz und Theater in der Gemeinde zunächst verlassen und uns anschauen, wo alles begann.

Kapitel 2

Kultur in der frühen Kirchengeschichte

Sowohl säkulare als auch religiöse Autoren sind sich weitgehend einig, dass die Wurzeln des Theaters in der Religion und die Wurzeln des Tanzes in der Anbetung liegen. Anfang des 20. Jahrhunderts schrieb ein Experte der antiken griechischen Religion: »Zumindest in Griechenland konnte das Drama nur in einer orgiastischen Religion entstehen.«[23] John Hodgson kommt zur selben Schlussfolgerung: »Wahrscheinlich haben sich das gesprochene Drama und der Tanz zu Musik beide aus der Anbetung entwickelt.«[24] Der tatsächliche Ursprung des Dramas liegt im Dunkel der Geschichte verborgen. Es gibt Hinweise auf religiöse Dramen in Ägypten aus einer Zeit etwa zweitausend Jahre v. Chr. Wie in Ägypten, dann in Griechenland und später in Rom war das Schauspiel ursprünglich ein Akt der Götterverehrung. »Das Theater ist recht und eigentlich ein Heiligtum der Venus«,[25] schreibt Tertullian gegen Ende des 2. Jahrhunderts n. Chr. In Rom waren Schauspiele besonders zu den Festtagen beliebt, von denen es reichlich gab. 354 v. Chr. waren nicht weniger als 175 Tage im Jahr den Festen geweiht und von denen wurden 101 für Schauspiele genutzt. Zum Gedenken des Endes eines langen Kampfes gegen Karthago beauftragte Rom im Jahre 240 v. Chr. den griechischen Freigelassenen Livius Andronicus, zu Ehren des römischen Sieges zwei Schauspiele zu inszenieren. Doch die Ehre, der erste Dramatiker zu sein, kommt wahrscheinlich dem griechischen Tragiker Thespis (ca. 500 v. Chr.) zu. Insbesondere in Rom, doch auch in Griechenland, wurden Schauspiele vom Staat geregelt und nicht nur als Unterhaltung angesehen, sondern zu Anbetungs- und Propagandazwecken eingesetzt.

Anfänglich waren Gesten, Tanz, Kostüme und Kulissen weit wichtiger als die Worte, doch im 1. Jahrhundert n. Chr. veränderte sich die Entwicklung der Schauspiele im römischen Reich. In Rom lebten Philister, die schriftstellerisch tätig waren und das dramaturgische Minenspiel einführten. Professionelle Mimen-Gruppen (Schauspieler) reisten durchs Reich und waren beliebte Unterhaltungskünstler. Dieses dramaturgische Minenspiel war bekannt als *hypothesis* und entsprach den heutigen Opern und Operetten. Dialoge waren weniger erforderlich und wurden oft reduziert auf kurze Einschübe zwischen Handlung und Gesang. Nun wurde der Solist zur Attraktion und zum Star. Im 2. Jahrhundert n. Chr. mimte der Schauspieler oft lediglich die Handlung, während ein vom Orchester begleiteter Chor den Text präsentierte. Daraus entwickelte sich allmählich die Pantomime. Die Kulissen wurden ausgefeilter und das Orchester auf der Bühne platziert. Nun waren Schauspiele im Allgemeinen entweder Tragödien, die auf der Mythologie basierten, oder bloße Unterhaltung von derber und oft brutaler Art.

Wir können das römische Schauspiel verstehen, wenn wir es vor dem Hintergrund der Arena und des Amphitheaters betrachten, die die Lust des Publikums auf Blut und Gewalt schürten. Die Theater sahen sich mit der Konkurrenz von Arena und Amphitheater konfrontiert und möglichst realistische Darstellungen wurden zu einer sadistischen Mode. Es gibt Berichte, dass Kriminelle den Hauptdarsteller ersetzen mussten und auf der Bühne buchstäblich gekreuzigt wurden. In *Der Tod des Herkules* wurde der Held tatsächlich vor dem Publikum zu Tode verbrannt. Das Theater konkurrierte gut mit der Arena, wo bei täglichen Massakern Gladiatoren und Raubtiere blutige Tode starben.

In Fernost (China, Japan und Indien) galten Schauspieler als die untersten Stände und sogar als Abschaum. Zu den buddhistischen »Zehn Vorschriften« für Mönche gehörte das Gebot der »Abstinenz vom Anblick von Tanz, Gesang, Musik und Aufführungen«. Das buddhistische Drama *Nagananda* zeigt jedoch, dass oft dagegen verstoßen wurde.

Der Tanz hatte im Jahre 500 v. Chr. Einzug in die griechischen Theater gehalten und Rom führte frühzeitig seine eigenen grotesken Tanzformen ein. Der ägyptische Tanz war grundsätzlich religiöser Natur und meistens erotisch: »Die Ägypter waren sich zweifellos bewusst, welche sinnlichen Reize spärlich bekleidete Körper in anmutiger Bewegung darstellten.«[26] Jedoch war der getrenntgeschlechtliche Tanz bis ins Mittelalter die Norm. Einige reagierten heftig gegen den erotischen Tanz und der römische Redner, Autor und Staatsmann Cicero (106–43 v. Chr.) erklärte, dass niemand tanzte, außer wenn man betrunken oder von Sinnen war. Angesehene Personen tanzten nicht, aber sie sahen keinen Widerspruch darin, zu ihrer Unterhaltung professionelle Tänzer anzuheuern.

Der griechische Philosoph Plato andererseits (um 400 v. Chr.) hielt Tanz für einen wertvollen Bestandteil seines Staates Utopia. Durch Tanz, so meinte er, würden Menschen sich eine »edle, harmonische und anmutige Haltung« aneignen. Das war eine unerwartete Folgerung eines solch strengen Moralisten, der Schauspieler als Feinde seines Staates ächtete. Plato behauptete, der Schauspieler sei ebenso wie der Maler unnütz: »Er gleicht ihm [dem Maler] darin, dass er – an der Wahrheit gemessen – Wertloses schafft, und er ähnelt ihm auch darin, dass er sich an jenen anderen Teil der Seele wendet, nicht an den besten. Und deshalb werden wir ihn nicht in den Musterstaat der Zukunft aufnehmen, weil er den schlechteren Seelenteil aufreizt und nährt und kräftig macht und dadurch den Vernunftteil vernichtet ... So ist der [Schauspiel-]Dichter nur ein Bildner von Bildnern, weitab von der Wahrheit entfernt.«[27] Schauspiele, so erklärte er, stellen Gefühle dar, die der Mensch andernfalls zu offenbaren sich schämen würde. Ob wir Plato hierin zustimmen oder nicht, ist es jedenfalls interessant, dass er einen vernünftigeren Grund für das Ablehnen von Schauspielen bietet als die meisten späteren christlichen Kritiker. Sein Argument basierte nicht einfach auf dem niedrigen Moralzustand von Theater, sondern – ob zu Recht oder Unrecht sei dahingestellt – auf dem grundsätzlichen Vorwurf, Schauspielerei sei keine Realität, sondern »Bildermacherei«.

Es wäre jedoch unfair, hier lediglich den Eindruck zu erwecken, Tanz sei nie mehr gewesen als Stimulanz oder Ausdruck von Lust. Als Kunst (manche sagen sogar Wissenschaft) kann Tanz eine ernste Botschaft haben. Ein zweitausend Jahre altes hinduistisches Tanzlehrbuch führt detaillierte Bewegungen für jeden Körperteil auf; u.a. mindestens viertausend verschiedene Handbewegungen, die alle Mythen und Legenden offenbaren können.

Die Reaktion der Frühkirche

Anfang des 2. Jahrhunderts n. Chr. kamen in Schauspielen häufig die verhassten Christen als Charaktere vor. Insbesondere Bekehrungen und Taufen wurden als Zielscheiben der Lächerlichkeit preisgegeben. Zur Zeit des Kaisers Diokletian, als die Christenverfolgung besonders heftig war, spezialisierte sich der bekannte Schauspieler Genesius auf das Lächerlichmachen von Christen. Er parodierte das, was er das »Wirken des Geistes« nannte, wobei auf einen Anfall von Wahnsinn eine Taufe folgte. Es überrascht nicht, dass solche grobschlächtige Gotteslästerung und die sadistische Gewalt und dreiste Lüsternheit der Bühne dazu führten, dass die Führungspersonen der Frühkirche die Schauspiele einmütig und rigoros ablehnten.

Tertullian schrieb im 2. Jahrhundert als erster Christ ausführlicher über Theater und Schauspieler. In seinem Werk *De Spectaculis* (»Über die Spiele«) beginnt er mit den Argumenten, die zugunsten des Theaters vorgebracht werden. Von seinen Gegnern wird erstens behauptet: »Einer im Geist und Gewissen gefestigten religiösen Überzeugung könnten solche geringfügigen, rein äußerlichen Ergötzungen von Augen und Ohren nichts anhaben; Gott aber nehme, falls man ihn sonst gebührend fürchte und ehre, keinen Anstoß an dem Vergnügen des Menschen; dieses zum passenden Zeitpunkt und an passendem Ort zu genießen, könne kein Verbrechen sein.«[28] Zweitens argumentieren einige:

> Alle Dinge seien von Gott eingerichtet und dem Menschen zugewiesen, wie gerade wir Christen das stets betonen, und sie seien unbedingt gut, da sie doch von einem guten Schöpfer stammten. Dazu sei all das zu rechnen, was eine wesentliche Grundlage für die Schauspiele ist: das Pferd zum Beispiel, der Löwe, Muskelkraft und eine angenehme Stimme. Deshalb könne etwas weder als fremd für Gott noch als ihm gegenüber feindlich angesehen werden, was aus dessen eigener Schöpfung bestehe, und man dürfe nicht meinen, dass für diejenigen, die Gott verehren, feindlich sei, was ihm nicht feindlich sei, da es ihm nicht fremd sei.[29]

Tertullian entgegnet diesen Argumenten knapp und deutlich: »Es ist … nicht nur darauf zu achten, von wem alles geschaffen ist, sondern auch von wem alles verdorben wird.«[30]

Ein weiteres Argument besagte, dass man etwas nur dann ablehnen dürfe, wenn die Bibel es ausdrücklich verurteilt. Tertullian geht darauf so ein: »In ihrem entweder zu naiven oder allzusehr auf Genauigkeit versessenen Glauben fordern manche Mitchristen nämlich für diesen Verzicht auf die Schauspiele einen überzeugenden Beleg aus der Heiligen Schrift und geben sich unsicher, weil den Dienern Gottes ein solcher Verzicht nicht deutlich und ausdrücklich befohlen werde.«[31] Tertullian erwidert:

> Aber wir stoßen darauf, dass sich auch auf diese Sache das berühmte erste Wort Davids bezieht: »Glücklich der Mann«, schreibt der Psalmist, »der nicht zur Versammlung der Gottlosen gegangen ist und nicht auf dem Weg der Sünder gestanden und nicht auf dem Stuhl des Verderbens gesessen hat«.[32]

Zwei weitere Abschnitte in *De Spectaculis* belegen ausführlich den heidnischen Ursprung der römischen Feste und die Tatsache, dass alle Spiele entweder den Göttern oder dem Teufel geweiht waren. Die frühen römischen Regierungen sahen im Zustand der Bühne eine Gefahr und versuchten ihren schlimmsten Missbrauch dadurch zu verhindern, dass sie Theater zu Göttertempel umfunktionierten. Das war jedoch ein vergeblicher Versuch und Tertullian kommentiert: »Was besonders charakteristisch für die Bühne ist, die Weichheit von Gestik und geschmeidiger Körperbewegung, das opfern sie der Venus und dem Liber [d.h. dem Bacchus], Gottheiten, die beide liederlich-ausgelassen sind, die eine in geschlechtlicher Hinsicht, der andere durch seine Schwelgerei.«[33] Dem Christen, so folgert Tertullian, ist es gewiss nicht erlaubt, teilzunehmen an dem Wahnsinn der Massenhysterie im Circus (wo Menschen gegen Raubtiere und gegeneinander kämpften) oder im Theater, »das der ureigene Tummelplatz der Unzüchtigkeit ist«.[34]

Wie die meisten frühen Kirchenväter lehnt Tertullian die Bühne vor allem wegen der unsittlichen, grausamen und heidnischen Aktivitäten ab, die in seiner Zeit untrennbar mit dem Beruf des Schauspielers verbunden waren. An nur einer Stelle behandelt er etwas, was das Wesen des Theaters an sich betrifft und schreibt über den Gebrauch der Maske:

> Der Urheber der Wahrheit liebt nichts Falsches; bei ihm gilt alles, was nachgebildet wird, als Fälschung. Daher wird jemand,

> der eine andere Stimme, ein anderes Geschlecht oder ein anderes Alter vortäuscht, der Liebe, Zorn, Schmerz und Tränen eindringlich vorschwindelt, nicht seinen Beifall finden; denn er verurteilt jede Art von Heuchelei.[35]

Das ist der wichtigste Abschnitt in *De Spectaculis* über Theater, da hier deutlich wird, welch tiefe theologische Ablehnung die frühen Kirchenväter gegen Schauspielerei hatten und dass sie sie als grundsätzlich falsch ansahen. Theater konnte nie zu guten Zwecken verwendet werden. Die Frage bleibt jedoch offen, ob Tertullian zur selben Schlussfolgerung gekommen wäre, wenn er gesehen hätte, wie christliche Themen von christlichen Schauspielern dramaturgisch dargestellt wurden. Als schlichte Tatsache können wir festhalten, dass in den ersten Jahrhunderten jegliche Schauspielerei heidnisch und durch und durch verdorben war.

Cyprian, Bischof von Karthago, schrieb um das Jahr 249 n. Chr. einen Brief an Euchratius, mit dem er die Frage beantwortete, ob ein Schauspieler in die Gemeinschaft aufgenommen werden könne oder nicht. Die Antwort war klar:

> Ich denke, es geziemt weder der Majestät Gottes noch der Zucht des Evangeliums, dass die Sittsamkeit und Glaubwürdigkeit der Kirche befleckt werden sollte durch einen so schändlichen und anrüchigen, verderblichen Einfluss … Rufe ihn von dieser Verderbtheit und Schande auf den Weg der Unschuld zurück.[36]

Ganz wie Tertullian erklärt auch Cyprian, dass alle Schauspiele Götzen geweiht sind, und über die Bühne schreibt er: »Ich schäme mich, die Dinge zu nennen, die dort gesagt werden; ich schäme mich sogar, die Dinge anzuprangern, die dort getan werden – die listigen Argumente, die Betrügereien der Ehebrecher, die Unanständigkeiten der Frauen, die ordinären Witze, der Unflat der Schmarotzer.«[37] Der Christ, so folgert Cyprian, beschäftigt sich besser mit dem Studium der Schöpfung und der Schriften. Schließlich, so behauptet er, »verbietet die Schrift das anzublicken, was zu tun verboten ist.«[38]

Chrysostomus, der Mitte des 4. Jahrhunderts schrieb, sah das genauso: »… durch den Mund der Schauspieler spricht der Teufel.« Und: »Die Lieder der Schauspieler sind die des Satans, und das gilt auch für die Tänze der Schauspieler.« Besonders kritisch sah er die Schauspielerinnen, die »ihr Haar locken, ihre Wangen färben, ihre Augen schminken, von Juwelen und Gold glitzern« und ihre »Balladen aus dem Bordell« und »Teufelsliedchen« singen.[39] Welche Ansicht Chrysostomus über Tanz vertrat, wird deutlich an seinem Kommentar über den verhängnisvollen Tanz der Tochter der Herodias (Mt 14,6): »Christen bieten jetzt nicht ein halbes Königreich oder den Kopf eines Mannes an, sondern geben ihre eigenen Seelen dem unausweichlichen Untergang preis.«

Augustinus (354–430) bringt sowohl in seinen *Bekenntnissen* als auch im *Gottesstaat* zum Ausdruck, wie angewidert er von seiner Ausbildung als Knabe war, wo er mit Theater geplagt wurde »als Teil dessen, was freie und vornehme Bildung genannt wird«. Einer der Hauptvorwürfe von Augustinus war, dass Knaben für weibliche Rollen kostümiert wurden. Interessanterweise unterschied Augustinus zwischen der griechischen und römischen Stellung von Schauspielern. Die Griechen ehrten ihre Schauspieler sehr, weil man meinte, sie verehrten die Götter. Die Römer hingegen, »da sie die Schauspielkunst und das ganze Bühnenwesen für schimpflich hielten, gewährten dieser Klasse von Menschen nicht nur keinen Anteil an der Ehre der übrigen Bürger, sondern wollten sie aus ihrer Zunft durch zensorische Rüge ausgestoßen wissen«.[40] Ein Hauptgrund dafür war der wachsende politische Druck, den die Bühne ausübte. Augustinus teilte damit die Auffassung der anderen frühen Kirchenführer: »Niemals hätten die Komödien mit ihren Schändlichkeiten beim Publikum Anklang finden können, wenn nicht die Lebensart dies mit sich gebracht [d. h. gebilligt] hätte.«[41] Zu Augustinus' Zeiten spiegelte die Bühne einfach die Gesellschaft wider – und vielleicht war das zu allen Zeiten der Fall.

Die Dokumente und Konzile der Kirche stimmen in diese Haltung ein. Die *Apostolischen Konstitutionen,* in der zweiten Hälfte des 4. Jahrhunderts in Syrien verfasst, stellen eine aufschlussreiche Liste von Personen auf, denen die Taufe verwehrt werden sollte: »Keine Wagenlenker oder Gladiatoren oder Wettläufer oder Leiter der öffentlichen Spiele oder Teilnehmer an den Olympischen Spielen oder Sänger oder Harfenspieler oder

Tänzer.« Die Liste ächtet insbesondere »Schauspieler und Bühnendarsteller, wegen der Lasterhaftigkeit und dem Götzendienst, die durch diesen Beruf ausgeübt und gefördert wurden.«[42] Das Dritte Konzil zu Karthago erklärte im Jahre 348, dass solche Personen ausgeschlossen werden sollten, und das Konzil zu Eliberis ergänzt: »Wenn ein Wahrsager oder Bühnenspieler ein Gläubiger wird, das heißt sich taufen lassen will, soll er aufgenommen werden unter der Bedingung, dass er sich zuerst von seinen Künsten trennt und nie wieder zu ihnen zurückkehrt.«[43]

Zwei Dinge werden aus den Schriften der frühen Kirchenführer deutlich. Erstens lehnten sie die Spiele ab wegen deren Verbindung mit den Göttern und ihrer grobschlächtigen, obszönen und sadistischen Gewalt. Zweitens war es für sie offensichtlich schwierig, die neubekehrten Christen von ihren alten Gewohnheiten abzuhalten! Dass sie überhaupt über dieses Thema schrieben, zeigt, dass dieses heiße Eisen in den Gemeinden zu Spannungen führte. Cyprian wurde um Rat gefragt, weil offenbar ein Christ zur Bühne zurückgekehrt war. Augustinus beklagte Tanz in den Gemeinden: »Vor nicht langer Zeit ist die Dreistigkeit der Tänzer sogar bis zu diesem Ort vorgedrungen.«[44] Offensichtlich ist unser Thema kein neues Problem, das uns erst heute zu schaffen macht.

Wie wir jedoch gesehen haben, versuchten diese frühen Kirchenführer die Befürworter von Tanz und Theater mit theologischen Argumenten zu widerlegen. Tertullians Argument gegen die Maske wurde auch fünfzehnhundert Jahre später noch von den Puritanern verwendet. Es ist bemerkenswert, dass die frühen Kirchenführer überhaupt versuchten, Tanz und Theater biblisch zu beurteilen, da in ihrer Zeit überwiegend pragmatisch argumentiert wurde. Im Gegensatz zu heute waren diese Männer mit einer Kunst konfrontiert, die so uneingeschränkt verdorben war, dass sie sich für jeden normaldenkenden christlichen Führer einfach selbst verurteilte. Zum Unglück der Gemeindeleiter war die Schaukunst höchst populär und so fanden einige ihrer Melodien als Kirchenlieder Eingang in die christliche Gemeinde!

Ende des 4. Jahrhunderts, als die Kirche die Macht im Reich und die Unterstützung des Kaisers gewonnen hatte und das sieche Heidentum im Niedergang war, wurden Schauspieler sogar von Christen dafür engagiert, um die alte Ordnung lächerlich zu machen. Die Zeiten änderten sich. Die Kirche hatte begonnen, die heidnischen Tempel zu »christianisieren«, heidnische Riten in den christlichen Gottesdienst zu integrieren (Gewänder, Weihrauch usw.) und Statuen von Isis und Horus umzuweihen auf Maria und Jesus.[45] Tanz und Theater schlichen sich in die Gemeinde ein. Während Augustinus und andere völlig gegen Tanz waren, nannte Basilius (Bischof von Cäsarea im Jahr 370) den Tanz »die vornehmste Beschäftigung der Engel«.[46] Er zitiert nicht, auf welche Autorität er sich bei einer solchen Behauptung beruft, aber im Allgemeinen scheint Basilius gewonnen zu haben! Im 6. Jahrhundert findet sich Tanz in den Kirchen vor allem zu Weihnachten, Ostern und anderen Festen.

Das Mittelalter

Wahrscheinlich wurden Schauspiele zum ersten Mal in der Kirche eingeführt, um der ungebildeten Gemeinde die Bedeutung der Zeremonie und Liturgie zu erklären, die ganz auf Lateinisch abgehalten wurde. Der Historiker Will Durant schreibt:

> Wie im antiken Griechenland war auch im Mittelalter die religiöse Liturgie die Hauptquelle dramatischen Gestaltens ... In den Zeremonien bestimmter Feiertage machte das dramatische Element eine nachdrückliche Entwicklung durch. In einigen Riten des elften Jahrhunderts kamen zu Weihnachten als Hirten verkleidete Männer in die Kirche, wurden von einem Chorknaben »Engel« mit der »frohen Botschaft« begrüßt und knieten vor einem wächsernen oder gipsernen Kind in einer Krippe nieder; durch eine Osttüre traten drei »Könige« ein und wurden von einem Stern, der an einem Draht entlanggezogen wurde, zur Krippe geführt.[47]

Im 11. Jahrhundert war offensichtlich, dass die Kirche vom Weg abgekommen war. Verderbtheit grassierte vom Papst bis zu den Pfarrern, und obwohl die Zustände zunächst noch schlimmer werden sollten, bevor mit der Reformation die Wende kam, verloren die Leute das Interesse am ungeistlichen und habgierigen Klerus. Für den Adelsstand war die Lieblingsbeschäftigung das Turnier und später der Zweikampf. Das waren ritterliche und kunstvolle Schaukämpfe mit all dem Glanz und Glorie, den die Adligen sich leisten konnten. Im Gegensatz dazu war die Kirche trübe und uninteressant. Für das gewöhnliche Volk war die königliche oder bürgerliche Prozession die willkommene Unterhaltung. Oft wurde das erhöhte Marktkreuz als »Bühne« verwendet, um dort Reden zu halten. Die Händlergilden liebten es, sich zu präsentieren, und von den Fischhändlern aus London wird aus dem Jahr 1298 berichtet, dass sie große vergoldete Störe und silberne Lachse und Seepferde in einer Prozession durch die Straßen trugen.

Die ersten Spiele in der Kirche kamen zum Teil als Reaktion auf diese »weltlichen« Attraktionen auf. »Einführungsspiele« sollten dem ansonsten sinnlosen lateinischen Gemurmel Bedeutung verleihen. Von etwa 950 an wurden diese Aufführungen ausgefeilter und dienten der Andacht und Unterweisung. Ein typisches Beispiel für einen solchen »Tropus«, ein »liturgisches Drama«, ist das *Quem Quaeritis* (»Wen sucht ihr?«), das zum ersten Mal im 10. Jahrhundert arrangiert wurde und die Geschichte von den drei Marien am Grab des Auferstandenen darstellte. Es enthielt alle Komponenten eines Theaterspiels, einschließlich einer musikalischen Begleitung.

Die Kirche war gezwungen, mit der Welt Schritt zu halten und verlegte ihre Prozessionen nach draußen. Das Fronleichnamsfest war eine willkommene Gelegenheit, die Nachbarschaft zu beeindrucken, indem der »Leib Christi« durchs Dorf getragen wurde. Allmählich ergriffen die Handwerkszünfte diese Gelegenheit, beschlagnahmten die fahrenden Wagenbühnen und begleiteten die Prozession mit ihren eigenen Spielen. Genau wie die Kirche sich der Welt anpasste, so wussten die Zünfte, wie sie sich der Kirche anpassen konnten und verwendeten biblische Symbole bei der Fronleichnamsprozession. Die Goldschmiede stellten die »Weisen aus dem Morgenland« dar, die Schiffbauer die Arche usw. Durch diesen Wetteifer der Handwerke und Künste wurde alles enorm prunkvoll und kostspielig. Anfänglich hatten die religiösen Prozessionen und Schauspiele strikt der Kirche unterstanden und nur der Klerus hatte daran mitgewirkt.

Mit der Zeit entwickelten sich die religiösen Schauspiele in drei Richtungen. Zuerst gab es die *Mysterien-* bzw. *Mirakelspiele.*

Sie stellten üblicherweise biblische Geschichten dar, zwar recht frei, dienten aber der analphabetischen Gemeinde als Hilfe zur Andacht und Bildung. Sie hatten einen zweifachen Wert: Sie waren eine Alternative zur weltlichen Prozession und wurden in der Volkssprache abgehalten. Die *Heiligenspiele* rekonstruierten das tatsächliche oder fiktive Leben verschiedener tatsächlicher oder fiktiver Heiliger und dienten zum Unterricht in christlicher Wahrheit. Die *Sittenspiele* versuchten, Ethik auf das Alltagsleben anzuwenden.

Bis zum 13. Jahrhundert waren die Schauspiele fest in Händen der Kirche: »Das mittelalterliche religiöse Drama existierte hauptsächlich zum Zweck des religiösen Unterrichts, der Festigung des Glaubens und der Ermunterung zur Frömmigkeit. Es existierte nicht als freies künstlerisches Unterfangen.«[48] Das änderte sich im 14. Jahrhundert. Wegen der Pest von 1348, die ein Drittel der Bevölkerung Europas wegraffte, war der Klerus gezwungen, Laien als Darsteller einzusetzen, da es zu wenig Priester gab. Dadurch verlor die Kirche an Macht und die Schauspiele wurden immer weniger religiös, dafür jedoch immer ausgefeilter und erstreckten sich oft über mehrere Tage.

Ende des 14. Jahrhunderts gab es außer den Mysterien- und Sittenspielen auch weltliche Schauspiele, die vornehmlich für den Adelsstand und für Kaufleute aufgeführt wurden. Im selben Jahrhundert kamen fahrende Schauspielertruppen auf, die reiche Adelige suchten, um sich von ihnen für ihre Künste bezahlen zu lassen. Allmählich fanden die Possen der Gaukler und Clowns Eingang auf der Bühne in Form von Gesang und Tanz, Mimik und Dialogen. Die Kirche konnte damit kaum mithalten. Will Durant beschreibt die Entwicklung wie folgt:

> Vom zwölften Jahrhundert an wurden die religiösen Schauspiele allmählich zu kompliziert, um noch im Inneren der Kirche aufgeführt werden zu können. Außerhalb der Kirche wurde ein Gerüst aufgestellt, und der *ludus*, das Spiel, wurde von Laienspielern aufgeführt, die aus dem Volke ausgesucht wurden und die erweiterten Rollen auswendig lernen mussten … Das älteste erhaltene Beispiel dieser Dichtgattung ist ein Adamsspiel aus dem zwölften Jahrhundert … Adam und

> Eva, in weiße Gewänder gehüllt, treten in einem Paradiese auf, das durch Sträucher und Blumen vor der Kirche angedeutet wird; Teufel erscheinen, in das enganliegende rote Trikot gekleidet, das ihnen auf der Bühne bis heute verblieben ist; sie eilen durch die Zuschauerreihen hindurch, schneiden grässliche Grimassen und verrenken ihre Leiber …
>
> Mit der zunehmenden Verweltlichung wanderten die Aufführungen vom Kirchenboden auf den Marktplatz oder einen anderen Platz der Stadt ab. Es gab noch keine Theater. Für die wenigen Aufführungen, die gewöhnlich an Feiertagen im Sommer stattfanden, wurde eine provisorische Bühne errichtet … Die Schauspieler der religiösen Dramen waren junge Kleriker, diejenigen der profanen Stücke Komödianten der Stadt; Frauen waren selten auf der Bühne zu finden. Als die Schauspiele sich nach Schauplatz und Thema immer weiter von der Kirche entfernten, rutschten sie immer mehr ins Possenhafte und Obszöne ab, und die Kirche, die dem ernsten Drama zur Geburt verholfen hatte, musste die dörflichen *ludi* wegen ihrer Unmoral verurteilen.[47]

Mummereien und *Maskenspiele* kamen im 15. Jahrhundert auf. Die Mummereien waren eine Theaterform, bei der die Schauspieler schwiegen und ein Kommentator das Geschehen erklärte (ähnlich wie beim frühen griechischen und römischen Theater). Viele dieser frühen Mummereien waren »ein Wirrwarr schlecht verarbeiteter klassischer Mythologie«.[49] Das überrascht nicht, denn wahrscheinlich stammten sie von den religiösen Ritualen Griechenlands und Roms.[50]

Mummereien und Maskenspiele waren zum Teil ernste Ereignisse, um eine sittliche oder politische Botschaft darzustellen, aber in erster Linie waren sie gesellschaftliche Anlässe, die meistens mit Tanz einhergingen. Zuerst tanzten die Angehörigen des Königshauses bzw. die Adligen auf der einen Seite und die Darsteller (die »Mummen«) auf der anderen. Anfang des 16. Jahrhunderts begannen verkleidete Darsteller Partner aus dem Publikum zu nehmen zwecks eines »kitzelnden Flirts«.[51] Die reisenden Truppen erfreuten sich guten Gedeihens und auch damals wurden gute Unterhaltungskünstler ansehnlich bezahlt. Und die

Kirche, wenn sie auch mit all dem nicht mithalten konnte, versuchte doch ihr Bestes.

Der Tanz kam in den Kirchen im frühen Mittelalter auf. Für Augustinus war das bereits im 5. Jahrhundert besorgniserregend. Getanzt wurde üblicherweise an Festtagen sowohl in Kathedralen als auch in Pfarrkirchen, und zwar in ganz Europa. Allerdings handelte es sich dabei um Volkstänze; der heutige Darbietungstanz, der ein Thema präsentiert, war unbekannt.

Zwei Formen des Tanzes nahmen Einzug in das Leben der mittelalterlichen Kirche. Der Todestanz und der Veitstanz wurden beide bei der Messfeier praktiziert. Kranke wurden oft zur Kapelle des hl. Vitus nach Rotestein gesandt, um geheilt zu werden. Dort wurde die Messe für sie zelebriert, wobei sie in feierlicher Prozession um den Altar geführt wurden. Das entwickelte sich zu einer hysterischen Praxis, bei der die Teilnehmer wild wurden, bis sie sogar schäumten. Ähnliches war Praxis bei den »Tänzern«, einer Sekte, die seit 1374 am Niederrhein zu Ehren des hl. Johannes aufkam. Männer und Frauen sangen und tanzten im Kreis; der Tanz wurde immer wilder, bis die Teilnehmer vor Erschöpfung zusammenbrachen. Die Bewegung breite sich über die ganzen Niederlande aus und drang auch nach Frankreich ein, bis sie schließlich als dämonisch gebrandmarkt und ihr Einhalt geboten wurde. Doch die Kirche des Mittelalters nahm Tanz nie wirklich in den Gottesdienst auf, obwohl Tanz üblich für Dorf- und Volksfeste war. Der Tanz um den Maibaum ist wohl das beste Zeugnis für solche Volkstänze.

Der ständig fortschreitende Verfall des geistlichen Lebens und der Frömmigkeit in der Kirche des Mittelalters führte unausweichlich auch zu einem Niedergang des Tanzes. Aus einem Brief der Fakultät für Theologie in Paris an die Bischöfe und Dechanten von Frankreich wird deutlich, was in Europa gang und gäbe geworden war. Der Brief datiert auf den 12. März 1445:

> Priester und Kleriker wurden zur Zeit ihres Offiziums [d.h. ihrer Dienstpflichten] mit Masken und monströsen Visagen gesehen. Sie tanzen im Chor, gekleidet als Frauen, Kuppler oder Spielmannsleute. Sie singen obszöne Lieder ... Sie laufen und springen durch die Kirche.[52]

Zahlreiche Kirchenkonzile unternahmen vergebliche Versuche, das Tanzen aus den Kirchen zu verbannen, weil es oft bis zur Zügellosigkeit ausartete. Von 1490 wird berichtet, dass sogar Maibaumtänze in Kirchen stattfanden. Kardinal Ximenes führte im 15. Jahrhundert in Sevilla den Los-Seises-Tanz ein, der auch heute noch Brauch ist.

Widerstand gegen Schauspiele und Tanz gab es im ganzen Mittelalter nur vereinzelt, doch immer gab es innerhalb und außerhalb der Kirche einige wenige Stimmen, die sich dagegen erhoben, z.B. Robert Grosseteste, Bischof von Lincoln (gest. 1253). Er interessierte sich stark für die Urkirche und sehnte sich danach, zur frühen Kirchengeschichte zurückzukehren. Angewidert von der Unwissenheit vieler seiner Priester, die nicht einmal ausreichend lesen konnten um zu predigen, nötigte er sie, nie an Mirakeln oder anderen Spielen teilzunehmen. Dieser Bischof bestand darauf, dass ein ungebildeter Pfarrer einen Priester aus einer Nachbargemeinde aufsucht, um sich von ihm den Bibeltext für den nächsten Sonntag erklären zu lassen, damit er predigen könne, »anderenfalls werde ihm die Pfründe [d.h. sein Gehalt] entzogen«.[53] Die Mirakelspiele zu besuchen, wurde den Priestern jedoch von diesem Bischof untersagt. Offenbar hatten diese Schauspiele im 14. Jahrhundert kaum einen Wert für geistliche Belehrungen. Der Bischof, der 1348 in Hereford amtierte, erwähnt in Kirchen aufgeführte Spiele, die »böse Narreteien enthalten, die der Apostel für alle Zeit verboten hat und die sich insbesondere im Haus des Herrn nicht geziemen. Außerdem wird die Andacht der Gläubigen durch diese Aufführungen gestört.«

Viele andere sahen das ähnlich. Besonders drei Vorreiter von Reformen in der verdorbenen Kirche leuchten als Sterne an einem finsteren Himmel hervor: Geert Groote in den Niederlanden – der Gründer der »Brüder des gemeinsamen Lebens«, Jan Hus in Böhmen, der für seine evangelischen Ansichten 1415 auf dem Scheiterhaufen verbrannt wurde, und John Wyclif aus England, der die ganze Bibel ins Englische übersetzte. Keiner dieser Männer hatte Zeit für Spiele und Tänze oder auch nur Interesse daran. Aus dem Jahr 1378 liegt uns von Wyclif jedoch ein Hinweis auf ein Schauspiel vor: Er beklagt sich über die oberflächlich dahergesagten Vaterunser in einem Schauspiel in York. Jene, die eifrig nach einer Reformation strebten, kamen zur Schlussfolgerung, dass mehr Spiele weniger Predigten bedeutete. Die Lollarden oder »armen Prediger« Wyclifs waren keine Spielleute. Ihr einziger Dienst war das Predigen, und das zu einer Zeit, als das Schauspiel sich großer Beliebtheit erfreute. Wyclif behauptete: »Einige trachten nach nichtigen Spielen und mancherlei weltlichen Dingen, die ihren Seelen nichts nützen, sondern ihnen vielmehr schaden.«[54]

Heute wird oft behauptet, mit Tanz und Theater in der Gemeinde würde das wieder eingeführt, was die Kirche für ein halbes Jahrtausend verloren hatte. Das mag stimmen, doch dürfen wir nicht vergessen: Eingang in die Gemeinde fanden die Schauspiele überhaupt erst als Reaktion auf die Attraktionen der Welt; sie wurden für eine analphabetische Gemeinde verwendet und kamen zu einer Zeit auf, als die organisierte Kirche auf den geistlich tiefsten Stand ihrer Geschichte herabsank. Es ist eine historische Tatsache, dass die Reformatoren nicht Schauspiel und Tanz, sondern die Predigt erneut einführten.

Kapitel 3

Reformation und Erweckungsbewegungen

In den ersten Jahren der Reformation, als Männer gegen tausend Jahre lehrmäßiger Verderbnis kämpften und sie keine Muße hatten für andere Dinge außer Predigen, Schreiben und Überleben, interessierte man sich wenig für Schauspiele. Am Ende des vorigen Kapitels haben wir gesehen, dass mittelalterliche Reformatoren wie Groot, Hus und Wyclif keine Zeit für etwas hatten, was für sie oberflächliche und gefährliche Spiele waren. Die Zeit war zu dringend; sie konzentrierten sich aufs Schreiben und Predigen. Gleiches gilt für die Reformatoren zu Beginn des 16. Jahrhunderts. Männer wie Latimer, Ridley, Frith und Tyndale waren Prediger oder Bibelübersetzer, und wenn sie überhaupt einen Gedanken an Schauspiele verschwendeten, dann, um diese zu verdammen.

Doch die Zeiten ändern sich und mit ihr auch die Meinungen von Menschen. So wie die Urkirche anfänglich Schauspiele zunächst verworfen und dann übernommen hatte, so war es auch bei den Reformatoren. Langsam begannen auch sie einen Wert darin zu sehen, die Schauspiele vor den Karren ihrer eigenen Zwecke zu spannen.

Die Reformatoren

Die Reformatoren waren zweifellos die Hauptgegner der Mysterienspiele. Diese Spiele waren in England in Canterbury ab 1520 verschwunden; Lincoln und London folgten bald darauf. In York, Chester, Coventry und Norwich fanden die Mysterien jedoch weiterhin statt.

Die Reformatoren lehnten Schauspiele nicht pauschal ab und willigten nach einiger Zeit ein, sie zu ihren eigenen Zwecken einzusetzen. Hardin Craig schlussfolgert in einer ausführlichen Abhandlung über religiöse Theaterspiele: »Es gibt keine Anzeichen dafür, dass die Protestanten von Anfang an oder weil sie Protestanten waren das Theater ablehnten. Offen gesagt, waren sie gegen den Katholizismus, und was das biblische Theaterspiel betrifft, hing sein Fortbestand nicht von den mittelalterlichen Mysterienspielen ab.«[55] Aus diesem Grund unternahmen die Reformatoren – im Gegensatz zu einigen Puritanern – keinen systematischen Versuch, das Theater und die Schauspiele gänzlich von der Bildfläche Englands zu entfernen. Es ist sicher bedeutsam, dass das Theater der Elisabethanischen Ära (1558–1603) – mit Shakespeare der Höhepunkt des englischen Theaters – gerade während der Reformationszeit seine volle Blüte entfaltete!

Wir müssen daher bedenken, dass die Reformatoren zwar die »römischen« Elemente der Schauspiele gänzlich ablehnten, aber bereit waren, die Spiele aus der Hand der römischen Kirche zu entreißen und sie für bessere Zwecke zu verwenden. Eines der frühesten Beispiele dafür ist das Werk von John Bale (1495–1563). Bale war ein ehemaliger Karmelitermönch und wurde ein eifernder Antikatholik. Er machte sich daran, die Mysterienspiele zu protestantisieren und wurde dabei ermuntert von Thomas Cromwell (leitender Minister von Heinrich VIII.) und Thomas Cranmer (dem Erzbischof von Canterbury) und hatte damit großen Erfolg. John Bale stellte seine eigene Liste von religiösen Schauspielen auf und veröffentlichte 1538 seine *Drei Gesetze.* Darin gab Bale Anweisungen, wie die Pervertierungen Roms dargestellt werden sollten: »Stellt den Götzendienst dar als alte Hexe, Sodomie als Mönch aller Sekten, Ehrgeiz als Bischof, Habgier als Pharisäer oder religiösen Gesetzesgelehrten, falsche Lehre als päpstlichen Lehrer und Heuchelei als Franziskaner.«[56] Starker Tobak, der das Publikum zum intensiven Nachdenken, wenn nicht sogar aus der Fassung bringen sollte! Das Publikum hat die Botschaft sicherlich verstanden. Der Theaterbesucher jener Zeit war sich sehr wohl bewusst, dass Schauspiel Vortäuschung bedeutete und nahm an, dass das Sichtbare ein Symbol für etwas Tieferes war.

In Deutschland hatte Martin Luther später mehr Zeit zur Muße, als zu der Zeit, als er die wichtige Lehre von der Rechtfertigung aus Glauben gegen tausend Jahre römischer Häresie donnerte. 1543 erhielt Luther einen Brief von einem Schulmeister in Dessau, Joachim Greff, der lange Zeit mit dem Verfassen und Aufführen religiöser Schauspiele beschäftigt war und im April 1543 gerade ein Osterspiel einprobte. Rektor und

Prediger waren strikt dagegen, doch Georg Major, Dechant im Dom zu Magdeburg, sprach sich für die »Aufführung von heiligen Schauspielen« aus. »Kurz ist nun dies meine Meinung«, schrieb der Dechant. »Es ist allen Menschen befohlen, dass sie das Wort Gottes, des Vaters, fördern und ausbreiten, auf welche Weise dies nur irgend geschehen kann, nicht bloß mit der Stimme, sondern auch mit Schriften, Gemälden, Bildwerk, Psalmen, Gesängen und musikalischen Instrumenten, wie der Psalm sagt: ›Lobet ihn mit Pauken und Reigen, lobet ihn mit Saiten und Pfeifen!‹ [Ps 150,4] … Da nun in der guten Absicht und aus Eifer, die evangelische Wahrheit zu fördern, solche Darstellungen, ernste und maßvolle sage ich, veranstaltet werden, sind sie durchaus nicht zu verdammen.« Der Schulmeister sandte die Meinung des Dechanten an Luther, in der Hoffnung auf gewichtige Unterstützung. Er wurde nicht enttäuscht. Hier ist Luthers Antwort, die ursprünglich wahrscheinlich aus Höflichkeit an den Dechant gesandt wurde:

> Der Schulmeister in Dessau hat mich gebeten, meine Meinung bezüglich des Papiers von Euer Gnaden abzugeben, worin besagt wird, dass der Rektor und der Prediger Beunruhigung und Aufregung unter dem Volk verursachen, indem sie Palmsonntagslieder und -choräle und andere Schauspiele und Darbietungen denunzieren.
>
> Dies zu hören, missfällt mir. Ich vermute, dass ein böser Geist eine Gelegenheit sucht, etwas Besonderes zu bewirken. Solch belanglose Dinge sollten erlaubt werden, denn sie sind harmlose Bräuche und unanstößig. Wenn außerdem eine Veränderung gewünscht wird, sollte das nicht von einem Einzelnen vorgenommen werden, sondern durch das wohlbedachte Urteil aller Würdenträger und Kleriker. Da Euer Gnaden nicht nur Würdenträger, sondern Erzdechant ist, sollten Euer Gnaden es nicht zulassen, dass ein Fanatiker diese Belanglosigkeiten als verdammenswürdig denunziert. Dazu hat er keinerlei Autorität und ihm fehlt noch die notwendige Unterweisung. Man muss sich in Acht nehmen, denn wenn man ihm erlaubt, Tuch zu nagen, wird er schließlich Leder fressen wollen. Darüber hinaus wird Euer Gnaden wissen, wie mit der Sache zu verfahren ist.

Hiermit befehle ich Euer Gnaden der Bewahrung Gottes. Amen. Euer Gnaden williger Diener,

Martin Luther, Doktor[57]

Ich habe Luthers Brief in voller Länge zitiert, weil er es verdient, zweimal sorgfältig gelesen zu werden und er eine gute Zusammenfassung der Einstellung des Reformators liefert. Während seines ganzen Lebens legte Luther vorrangig Nachdruck auf Predigen und Lehren; das war seine einzige persönliche Methode. Theater, Gesang usw. waren für ihn »belanglose Dinge« – er spricht tatsächlich von »neutralen« Dingen. Je nach Verwendung können sie gut oder böse werden, in sich selbst jedoch sind sie neutral. Luther ließ den Schulmeister von Dessau mit seinem Osterspiel fortfahren. Zum Tanz hatte Luther eine ähnliche Einstellung, dachte dabei jedoch an simplen Volkstanz für Kinder; Tanz als Darbietungskunst war ihm unbekannt.

Bei Johannes Calvin in Genf verhielt es sich fast genauso. Calvin war der einflussreichste Reformator überhaupt. Geboren 1509 in der französischen Provinz Picardy, gab er der protestantischen Welt im Alter von erst 27 Jahren sein Werk *Unterricht in der christlichen Religion* (lat. *Institutio*). Die *Institutio* fasste den evangelischen Glauben der Protestanten treffend zusammen. Am 3. Februar 1547, vier Jahre nach Luthers Brief, begann der Reformator eine Reihe von *Verordnungen für die Aufsicht von Kirchen im Land* herauszugeben. Über Schauspiele schreibt er nichts, doch ein Abschnitt trägt die Überschrift »Lieder und Tänze«. Offenbar waren Calvin und seine Mitstreiter nicht prinzipiell dagegen, sondern darum besorgt, dass Gesang und Tanz sorgfältig kontrolliert werden sollten: »Wenn jemand Lieder singt, die unwürdig, zügellos oder frevelhaft sind, oder beim Tanz wild umherwirbelt oder dergleichen, soll er für drei Tage in Haft gesetzt und dann vor das Konsistorium gesandt werden« (das ist der Ältestenrat, der den geistlichen Zustand prüfen soll). Wir müssen natürlich beachten, dass der hier erwähnte Tanz nichts mit Anbetung zu tun hatte. Tanz als Unterstützung oder Ausdruck der Anbetung war in der Christenheit bis vor wenigen Jahrzehnten so gut wie unbekannt. Hier bei Calvin geht es einfach um Volkstanz.

Eines der bekanntesten Theaterstücke der Geschichte der religiösen Dramen war »Abraham Sacrifiant«, das Theodor Bèza im Jahr 1550 schrieb. Bèza war Jurist und hatte 1548 seine »Juvenilia« veröffentlicht, eine umfangreiche Sammlung romantischer Dichtungen, die ihm den Ruf eines führenden lateinischen Poeten einbrachte. Kurz darauf erkrankte er schwer und bekehrte sich zu Christus, woraufhin er sich Johannes Calvin in Genf anschloss. Bèza war ein brillanter Gelehrter, zusammen mit Calvin Mitbegründer der einflussreichen Genfer Akademie und wurde Calvins Nachfolger. Bèza schrieb *Abraham Sacrifiant* als Reformator; die Erstaufführung fand in Genf statt und es ist unvorstellbar, dass Bèza selbst sie nicht gesehen haben sollte. Das Stück war nach kurzer Zeit so populär, dass es noch im 16. Jahrhundert zehn Auflagen erfuhr und dreizehn im 17. Jahrhundert. Es wurde in Lateinisch, Italienisch, Deutsch, Spanisch und Englisch übersetzt. Da *Abraham Sacrifiant* so populär war und zugleich einen gesunden reformatorischen Ursprung hatte, sollten wir uns etwas näher damit befassen.

In dem Stück geht es um Abrahams Opferung Isaaks. In der ersten Szene unterhalten sich Abraham und Sarah über Gottes Führung und sie loben ihn mit Gesang. Sie reden darüber, wie sie Isaak von Gott bekommen haben, und wie sehr sie ihren Sohn lieben und für ihn sorgen. An dieser Stelle betritt der Teufel, als Mönch gekleidet, die Szene und erklärt sogleich seinen Widerstand gegen das Werk Gottes. Dann wechselt die Szene zu den Hirten, die zu einer Reise aufbrechen wollen. Isaak möchte sich ihnen anschließen, muss jedoch zuerst die Erlaubnis seiner Eltern einholen. Die Hirten singen zu Ehren Isaaks. Die Szene wechselt wieder zu Abraham und Sarah, die über ihren Gehorsam gegenüber Gott debattieren. Abraham beharrt darauf, dass wir Gott »geradewegs gehorsam« sein müssen, Sarah hingegen meint, Gottes Verheißungen würden allesamt hinfällig. Abraham gewinnt schließlich Oberhand:

> Kann Gott sein zugesagtes Werk je widerrufen?
> Nein, nein, und deshalb sei ohne Zweifel,
> dass Gott ihn stets bewahren und segnen wird.

Und er schließt: »Keine Gefahr besteht dort, wo Gott ihn bewahrt.« Darauf folgt eine bewegende Abschiedszene zwischen

Abraham, Sarah und Isaak. Der Teufel ist wütend darüber, dass alle auf Gott vertrauen, doch er meint, Abraham schlussendlich dennoch zu bekommen. Wenn Abraham nicht gehorcht, wird er »verbannt von der göttlichen Gnade« und wenn er gehorcht, ist Isaak tot und der Teufel hat die Verheißungen Gottes in Isaak nicht mehr zu fürchten.

Als Isaak den Altar für das Opfer zubereitet und Abraham betet, legt Bèza dem Abraham ein erhabenes Gebet in den Mund. Der Teufel macht seine Bemerkungen über Abrahams Ringen mit Gott, und Sarah ringt daheim immer noch darum, auf Gott zu vertrauen und ihre Zweifel abzulegen. Als Isaak versteht, dass er selbst das Opfer sein soll, fleht er seinen Vater an, Mitleid mit seinem jungen Alter zu haben. Allmählich und unausweichlich kommt Isaak dahin, Gottes Gebot anzunehmen, und erklärt schließlich: »Mein Herr, ich bin bereit.« Isaak wird gebunden, der Teufel weicht zurück, Gott greift ein und zuletzt erinnert der Engel Abraham, dass die ganze Welt von diesem Gehorsamsakt profitieren wird.

Das Schauspiel ist einfach und hält sich an die Schrift. Obwohl es der biblischen Erzählung einigen Stoff hinzufügt, enthält es nichts, was Abraham und Isaak nicht tatsächlich hätten sagen oder fühlen können, und da es von einem Reformator geschrieben wurde, gibt es daran nichts auch nur ansatzweise Anstößiges. Wie bei allen Mysterienspielen enthält es eine moralische Pointe:

> Sieh nun hier die mächtige Kraft ernstlichen Glaubens,
> und welchen Lohn wahrem Gehorsam gebührt.

In seiner Einleitung schreibt Bèza, dass er die Geschichte in Versform verfasst habe, damit man sie sich besser merken kann und außerdem, »um Gott mit allen erdenklichen Mitteln zu preisen«. Ein wahrscheinlicherer persönlicher Grund ist wohl, dass Bèza Poesie liebte und sich dafür schämte, wie er sie vor seiner Bekehrung missbraucht hatte.

Diese wenigen Beispiele von den Reformatoren zeigen zur Genüge, dass sie vermutlich Theaterspiele eingesetzt hätten, wenn sie mehr Zeit gehabt hätten und nicht um ihr Überleben hätten kämpfen müssen. Noch in der ersten Hälfte des 17. Jahrhunderts wurde der europäische Kontinent mit Theaterstücken schier überschwemmt, die vor allem alttestamentliche Themen behandelten. Sogar Fox schrieb in seinen »Acts and Monuments« im Jahre 1539 gutheißend: »Schauspieler, Drucker und Prediger sind von Gott als dreifaches Bollwerk aufgestellt gegen die dreistöckige Krone des Papstes, um ihn zu Fall zu bringen, und dabei haben sie – Gott sei gepriesen – schon recht Ordentliches geleistet.«[58] In England setzten sowohl Protestanten als auch Katholiken Theaterspiele als Waffe gegeneinander ein, und das Königshaus war nicht immer glücklich über die Art und Weise dieser Auseinandersetzungen.

Die Proklamation von Heinrich VIII. war 1543 das erste Vorgehen des englischen Parlaments gegen Schauspiele. 1547 bestieg Eduard VI. den englischen Thron und machte Heinrichs Akt von 1543 rückgängig. Daraufhin strömte eine ganze Flut protestantischer Schauspiele auf die Bühne. Die meisten davon griffen die römische Messe und andere katholische Irrtümer an. Es folgte eine derart heftige Unruhe, dass der junge Eduard 1549 alle Schauspiele für zwei Monate verbot, damit die Situation sich beruhigen konnte. Als Maria Tudor (»die Blutige«) 1553 den Thron bestieg, erließ sie eine ernste Warnung, dass es keine Predigten, Zwischenspiele, Bücher, Gedichte etc. geben dürfe außer mit ihrer Erlaubnis. Grund dafür war die Aufregung, die aufgekommen war wegen der »Aufführungen von Zwischenspielen ... über umstrittene und fragliche Lehrthemen«. Das Zwischenspiel war ein kurzer Sketch zwischen den Akten eines längeren Theaterstücks, vergleichbar mit den heutigen »Werbespots« – lästig und doch sehr einflussreich!

Elisabeth I. ordnete ein Jahr nach ihrer Thronbesteigung (1558) an, dass keine Schauspiele ohne besondere Lizenz aufgeführt werden durften, und Stücke über Religion oder Politik erhielten keine Lizenz. Doch zu dieser Zeit gab es nicht viele andere Themen für Schauspiele!

Das Parlament in Schottland, von höheren Motiven geleitet als die um ihre Krone besorgte Elisabeth, erklärte 1575: »Klerikerspiele, Komödien oder Tragödien über die kanonischen Bücher der Bibel führen zu Geringschätzung und Entweihung derselben.« Deshalb wurden sie verboten »am Tag des Herrn [Sonntag] und an Werktagen« – ein wahrhaft umfassendes Verbot! Das war die hauptsächliche Ursache für das Wiederaufleben des Theaters unter den Dramatikern Shakespeare (1564–1616), Marlowe, Dekker und Jonson: Sie füllten das Vakuum, das durch das Verbot der Schauspiele entstanden war. So wurde das 16. Jahrhundert zur Blütezeit des englischen und auch französischen Theaters und erlebte ein Wachstum der privaten Spielhäuser, professioneller Schauspieltruppen und der einfachen portablen Bühne. Die früheren mittelalterlichen Spiele waren weitgehend verflossen, aber Theater war »in« und im wachsenden Trend. Und die Reformatoren hatten wenig Interesse oder Möglichkeit, diesen Trend aufzuhalten. Noch lange sollte das Theater für politische Querelen in England sorgen. Ende des 16. Jahrhunderts rangelten Kirche und Krone um die Vorherrschaft über die Bühne. König Jakob I. löste das Problem, als er 1603 die Bühne für sich vereinnahmte, indem er Shakespeare zum Mitglied des Königshauses ernannte.

Die Puritaner[59] und das Theater

1642 schloss das englische Parlament für fünf Jahre alle Theater. Das war nie ein gänzlich erfolgreicher Zug, doch zumindest war es eine Absichtserklärung, die auch verständlich war. Ein Historiker kommentiert: »Es besteht kein Zweifel, dass gegen Ende des literarisch produktiven Elisabethanischen Zeitalters [1558–1603] der Geschmack verdorben wurde und dass die Nachfolger von Shakespeare und Jonson das Ihrige dazu beitrugen.«[60] Außerdem war 1642 das erste Jahr des Bürgerkriegs in England und die »wolllüstige Heiterkeit« und Frivolität vieler damaliger Theaterstücke widersprach sicherlich dem Ernst der Lage. 1648, zwei Jahre nach Abdankung des Königs und ein Jahr vor seiner Hinrichtung, ordnete das Parlament den Abriss aller Theater an, hatte damit jedoch ebenso wenig Erfolg wie mit dem Erlass von 1642 – vor allem deshalb, weil das Theater den König auf seiner Seite hatte.

Der Widerstand der Puritaner gegen die Bühne muss in diesem Zusammenhang gesehen werden. Die Reformatoren hatten einst eine Methode aufgegriffen, die allen freistand. Nach und nach hatte die Kirche die Vorherrschaft über die Schauspiele verloren und die weltlichen Schauspieler nahmen die Sache in ihre eigene Hand. Als der Thron immer mehr Macht über die Bühne gewann, entwickelte sich der moralische Standard der Schauspiele geradewegs nach unten. Karl I. applaudierte Theaterstücken auf niedrigstem Niveau und von schlechtestem Geschmack, übertroffen nur noch von seinem Sohn Karl II. nach der Restauration der Monarchie im Jahre 1660. Aus diesem Grund gingen die Puritaner immer wieder mit unterschiedlichem Aufwand und Erfolg gegen die Bühne vor.

Der eigentliche literarische Feldzug gegen die Bühne begann etwa 1577, als Northbrooke ein Buch mit dem Titel veröffentliche *Eine Abhandlung, in der Würfelspiel, Tanz, nichtige Schauspiele oder Zwischenspiele, mit anderen eitlen Zeitvergeudungen etc., die üblicherweise am Sabbattage geübt werden, durch die Autorität des Wortes Gottes und frühzeitlicher Schreiber missbilligt werden.* Zumindest sagten die Titel damals genau das aus, worum es in dem Buch ging! Etliche weitere kritische und ablehnende Veröffentlichungen gegen die Bühne folgten.

Den Höhepunkt dieses Angriffs bildete jedoch 1632 William Prynne mit seinem unglaublichen tausendseitigen Werk *Histrio-Matrix – Player's Scourge or the Actor's Tragedie* (etwa: »Nährboden der Schauspielkunst: Geißel oder Tragödie des Schauspielers«), womit er geradezu jede Waffe des puritanischen Arsenals aufbot. Der arme Prynne musste für seine Mühen mehr leiden als der Leser. Er wurde von der Sternkammer[61] mit dem Verlust beider Ohren bestraft, auf den Wangen mit den Buchstaben S.L. (*seditious libeller*, »aufrührerischer Angeklagter«) gebrandmarkt – Prynne deutete die Buchstaben jedoch als »Stigmata Laudis« (»Ehren-Narben«) –, mit einem Bußgeld von 5.000 Pfund belegt, vom Gericht in Lincolns Inn verbannt (er war Anwalt), seines akademischen Grades beraubt und zu lebenslanger Haft verurteilt. Zugegebenermaßen war Prynne von Natur ein wenig hitzköpfig; er verwarf in einem einzigen Abwasch den Arminianismus, die Bühne, die englische Staatskirche, John Milton, die Unabhängigkeit, die Armee und die Republik. Dennoch erscheint das ihm auferlegte Strafmaß ziemlich hart.

Allmählich griffen die Puritaner in ihrer Argumentation einen neuen Aspekt auf. Bisher hatten sie Theater aufgrund des moralischen Niedergangs der Schauspiele abgelehnt, doch nun zielte der

Angriff direkt auf Theaterstücke und Schauspieler als solche ab und bezeichnete sie als »wesensmäßig unmoralisch in sich selbst und unausweichlich förderlich für die tödlichste aller Sünden, die Eitelkeit.«[62] Die Kanzeln begannen bei diesem Thema mitzumischen und die erste aufgezeichnete Predigt gegen Bühnenspiele wurde am 9. Dezember 1576 von Thomas White in der Kirche Paul's Cross gehalten. Im Großen und Ganzen waren diese Puritaner aufrichtige, ehrliche und gottesfürchtige Menschen. Ein Autor beispielsweise beschreibt Thomas White als »keinen engherzigen Fanatiker; er war von guter Bildung und Kultur; er gründete als freigiebiger Gönner den White-Lehrstuhl und das Sion-College«.[63] Einige der Prediger, die gegen die Schauspiele sprachen, wie z.B. John Stockwood (1579), waren vor allem deshalb besorgt, weil die Gläubigen den Gottesdienstbesuch vernachlässigten, um frühzeitig zu den Schauspielaufführungen zu kommen und einen guten Platz zu ergattern.

Rainolds goss mit seiner Abhandlung »Umsturz der Bühnenspieler«[64] neues Feuer ins Öl. Da es keine weiblichen Darstellerinnen für Frauenrollen gab, wies er auf den Verstoß gegen 5. Mose 22,5 hin, und aus Sprüche 7,11-18 leitete er her, dass es stets übel sei, Böses nachzuahmen. Außerdem beklagte er, dass Theateraufführungen viel Geld kosten, das man besser den Armen geben sollte. Das war keine unberechtigte Kritik, wenn wir bedenken, dass für den Königshof von Karl I. eine glitzernde Maske zum damals gigantischen Preis von 21.000 Pfund angeschafft wurde!

Die erste bedeutende Gegenschrift zur Verteidigung der Bühne schrieb Heyward 1612 mit seiner »Apologie für Schauspieler«, doch der Autor leistete in seinen eigenen Schauspielen selber vulgärem Geschmack Vorschub. Andere schlossen sich ihm in der Verteidigung an. Um das Wortgefecht zwischen Puritanern und Royalisten zu veranschaulichen, sollten wir einen kurzen Blick werfen auf die Argumente des Puritaners Prynne in seinem tausendseitigen Werk und auf die Gegenargumente des Royalisten Sir Richard Baker, der die Herausforderung aufnahm und eine Gegendarstellung schrieb.[65] Der folgende Überblick kann Prynnes 1006 und Bakers 129 Seiten wohl kaum gerecht werden.

Prynne untersucht die Geschichte und Herkunft der Schauspiele, zeigt ihre Verbindung mit heidnischen Göttern auf und folgert, dass der Teufel der Urheber der Schauspiele ist. Zur Untermauerung zitiert er die frühen Kirchenführer. Insgesamt beruft Prynne sich auf das Zeugnis der Auffassungen von 54 Kirchenkonzilen, 71 frühen Kirchenführern und 150 katholischen und protestantischen Autoren. Erzbischof Laud sagte, man würde sechzig Jahre brauchen, um alle Konzilstexte und Autoren zu lesen, die Prynne zitiert hat! Baker hingegen argumentiert, auch die Erfindungen böser Menschen könnten umgestaltet und zum Guten verwendet werden.

Dann kommt Prynne zu seinen wichtigeren Argumenten und behauptet: »Gegenstand, Inhalt und Stil der Schauspiele sind wolllüstig, ordinär und schmutzig.« Bakers Gegenargument ist offenkundig sachlich falsch: Er gibt zu, dass dies für die antiken Schauspiele galt, doch »in den heutigen Schauspielen könne er niemals solche Obszönitäten aufzeigen«. Anschließend folgert er, ohne zu merken, dass er damit seine eigene vorausgegangene Verteidigung zunichte macht: Wenn es solche Obszönitäten gibt, dann dürfe man nicht die Schauspieler beschuldigen, sondern nur den Autor! Mit seiner Aussage gibt Baker ein treffendes Beispiel für die heutige Denkweise ab: »In der Tat ist es nicht so sehr der Schauspieler, der die Obszönität begeht, sondern der Zuschauer selbst.« Komme mit reinem Herzen – so impliziert er –, dann kannst du alles anschauen!

Prynne argumentiert gegen die »begehrlichen Gesten, amourösen Küsse und Komplimente«, die die Lust schüren. Wenn die Schauspiele so gut und rein seien, so fragt er, warum werden sie dann nur von verkommenen Leuten besucht? Die Schauspieler beschuldigt Prynne, weltlich zu sein und Eitelkeit zu fördern, und die Schauspielhäuser bezeichnet er als »Seminare der Laster, Tempel der Sexualität und Schulen der Unzucht« etc. Schlussendlich geht Prynne auf eine Reihe von Bibelstellen ein, die er für dieses Thema für relevant hält, u.a. 3Mo 18,30; 5Mo 7,2; 12,3; 20,16; Jos 7,18; 11,12; Ri 2,2; Ps 1,1; 16,4; Jer 10,2; Apg 16,20; Röm 12,2.

Angesichts von Prynnes Angriffen auf die Schauspiele wegen der bekannten Missbäuche und Übel ist es für Baker eine hoffnungslose Sache, die Spiele zu verteidigen. In der Theorie sind seine befürwortenden Argumente richtig. Beispielsweise behauptet er: »Jene Übung ist es wert, wiederholt zu werden, von der man sowohl Gewinn als auch Vergnügen hat.« Schauspiele seien »Schulen für solche, die nicht studieren können, und sie vermitteln jenen Stoff mit Leichtigkeit und Freude, der auf andere Weise nur mit Müh' und Not beigebracht werden kann.« Es sei nützlich, so Baker, unsere Missetaten lächerlich erscheinen zu lassen, und zitiert dazu Thomas von Aquin (1226–1274): »Schauspiele wurden zu dem Zweck erfunden, damit die Menschen besser zum Aneignen der Tugenden gezogen werden und zum Fliehen vor dem Laster, wozu sie durch Darstellung viel besser gezogen werden als durch Denken.« Baker schließt mit einem Anflug von Wunschdenken: »Das Gesetz unterdrückt Missetaten, indem es dem Missetäter Strafen auferlegt. Schauspiele bessern den Missetäter, indem sie die Missetaten – wenn klein – lächerlich oder – wenn groß – verabscheuenswürdig machen.«

Bakers rein theoretische Argumente werden auch heute noch oft vorgebracht, ohne dass man sich bewusst ist, wie alt sie sind. Nach harten Fakten beurteilt, gewann eindeutig Prynne dieses Wortgefecht. Die Schauspiele waren moralisch verdorben (das können wir heute noch nachlesen) und die Schauspielhäuser waren oft schändliche Pfuhle von Gewalt und Sünde. Bakers Entgegnung darauf war keineswegs überzeugend. Allerdings nahm er zumindest die ernsthafte Diskussion auf, und wenn seine Theorie durch harte Fakten von der Bühne gestützt worden wäre, hätten die Puritaner klein bei geben müssen. Doch das taten sie nicht, sondern kämpften weiter. Zwar schafften sie nie das Theater und die Bühne als solche ab, aber sie reinigten diese. Keinesfalls alle Puritaner waren pauschal gegen Schauspiele, und der Poet der Puritaner, John Milton (Autor von »Das verlorene Paradies«) sprach sich für ein amtlich geprüftes Theater aus. Die meisten Puritaner waren sich einig, dass die enormen Kosten vieler Schauspiele Verschwendung sind und hielten sie für reinen gesellschaftlichen Snobismus.

Als mit der Restauration[66] unter Karl II. die Uhr wieder auf den früheren Stand zurückgedreht wurde, war das der passende Zeitpunkt, um Tür und Tor zu öffnen für die niedrigste Art von Theater, die England je erlebt hat (vgl. Kapitel 8, Abschnitt »Die evangelikale Erweckung, S. 137).

Die Puritaner und Tanz

Der Gesellschaftstanz war während der Reformationszeit verbreitet und wurde auch im Zeitalter der Puritaner übernommen, da Königin Elisabeth I. (1558–1603) die Tänze Gaillard und Volta liebte. Um 1600 wurden Tänze mit unsittlicher Bedeutung aus Afrika und Südamerika importiert und fanden in modifizierter Form Eingang in den französischen Hoftanz.

Die Puritaner waren skeptisch gegenüber Tanzen und Perkins sprach den meisten von ihnen aus dem Herzen, als er behauptete, dass Tanz erfahrungsgemäß »die Frucht oder die Folge von Götzendienst, Unzucht oder Trunkenheit« ist. Christopher Fetherston schrieb eine Abhandlung mit dem Titel »Ein Dialog gegen leichtes, lüsternes und laszives Tanzen« (1582). Ein Historiker schreibt jedoch über die Puritaner: »Hinsichtlich der Vergnügungen wurde eher der Missbrauch bekämpft als der Gebrauch. Tanz war fraglos eine biblische Betätigung. Die Vernunft sagt, dass Tanz den Körper gesund und geschmeidig hält. Wie Musik war Tanz ein Unterrichtsfach zumindest in den bessergestellten puritanischen Familien, und die Schritte des Morris-Tanzes wurden von den puritanischen Pilgervätern nach Neu England gebracht.«[67] Das mag stimmen, doch die puritanischen Siedler in der Neuen Welt belegten jegliche anstößige Form von Tanz mit schweren Strafen. Der Historiker Scholes bestätigt: »Als in England elf Jahre lang die puritanische Partei die absolute Macht hatte, florierte die Musik wie vielleicht nie zuvor. Musik und musikalische Werke wurden in großer Fülle publiziert.«[68]

Cromwell, Milton und John Bunyan waren alle eifrige Musikliebhaber. In seinem berühmten Buch *Pilgerreise* erwähnt John Bunyan Musik und Tanz, nachdem Mutherz und die vier Söhne von Christin die Zweifelsburg zerstört, den Riesen Verzweiflung getötet und seine Gefangenen befreit haben.[69] 1694 wurde bei der Ordination von Timothy Edwards getanzt, dem Vater des berühmten Predigers der »Großen Erweckung« Jonathan Edwards, und 1716 wurde in Boston, dieser zutiefst puritanischen Stadt, eine Tanzschule gegründet. Sogar der schottische Reformator John Knox, der Königin Maria von Schottland mit seiner Predigt schockierte, lehnte Tanz nicht pauschal ab, nicht einmal gemischten

Tanz, obgleich er Ausschweifungen verurteilte. Und so könnten wir noch viele weitere solcher Beispiele nennen.

Die Puritaner waren jedoch strikt gegen Tanz am Sonntag, verdammten das, was sie »profanen und unzüchtigen Tanz« nannten und zogen niemals auch nur in Erwägung, Tanz könne eine Form der Anbetung sein. Eine gute Illustration für die puritanische Einstellung zum Tanz findet sich in einer Abhandlung, die 1686 in Boston in Amerika veröffentlicht wurde und betitelt war: »Ein Pfeil gegen profanen und unzüchtigen Tanz, gezogen aus dem Köcher der Schrift, von den Dienern Christi in Boston, Neu England.« Anlass dazu war der Versuch von Frances Stepney, eine Tanzschule in der Stadt zu eröffnen; er behauptete, mit seinem Tanz mehr Theologie zu vermitteln als die Prediger oder das Alte Testament. Damit forderte er natürlich einen Disput heraus. Obwohl die Abhandlung Stepney in die Schranken wies, erlaubt sie interessanterweise ausdrücklich »nüchternes und feierliches Tanzen von Männern untereinander oder Frauen untereinander … Tanzen oder Hüpfen ist ein natürlicher Ausdruck von Freude, und daher ist es genauso wenig Sünde wie Lachen oder irgendeine andere Ausdrucksform innerer Freude.«[70] Die Puritaner waren jedenfalls gegen das gemischte Tanzen und begründeten ihre Ablehnung mit dem siebten Gebot, »du sollst nicht ehebrechen«, da gemischtes Tanzen letztlich eine dahingehende Versuchung sei. In seinem Buch »Die ganze Abhandlung von Gewissensfällen« aus dem Jahre 1606 erlaubt der Puritaner William Perkins eine große Bandbreite von Vergnügungen (entgegen der landläufigen Vorstellung, die Puritaner seien völlig bieder gewesen), spricht sich jedoch klar gegen gemischtes Tanzen aus. Einige Tänze, wie der Volta, den Elisabeth I. und Jakob I. so liebten, wurden sogar von Nichtpuritanern abgelehnt, und Ludwig XIII. verbannte den Volta von seinem Hof!

Die Puritaner tolerierten Schauspiele, *wenn* sie gute finden konnten, erfreuten sich am Tanz, sofern er sittsam war, und liebten Musik, insbesondere Orchester- und Opernmusik. Sie wussten, wo die Grenze zur Sünde war und zögerten nie damit, Ausschweifungen zu verurteilen. Schauspiele, Tanz und Orchester fanden jedoch nie Eingang in ihren Gottesdienst oder ihre Evangelisation.

Die Ära der Evangelikalen

Zu Beginn des 18. Jahrhunderts war die Moral in England auf einem Tiefstand und die Puritaner waren fast vergessen. Ihre fest gegründete Theologie, ihre hohen Ideale und ihr geheiligtes Leben waren verschwunden, und die Nation wandte sich auf Kosten der Armen den Vergnügungen der Wohlhabenden zu. Wie es im 18. Jahrhundert auf der Bühne zuging, liegt klar auf der Hand. Falconer Madan listete die Schauspiele von 1660 auf, dem Jahr der Thronbesteigung von Karl II. und der Wiederherstellung der Monarchie (der »Restauration«), und er schlussfolgerte, dass nicht eines dieser Schauspiele auch nur eine Minute auf der gegenwärtigen Bühne geduldet würde. Zugegeben, die »gegenwärtige Bühne« bezieht sich bei Madan auf das Jahr 1931, dennoch ist die Aussage klar. Der große Historiker Lord MaCaulay schrieb über die Schauspiele der Restaurationszeit: »Was immer unsere Dramaturgen berührten, das besudelten sie ... Die Lasterhaftigkeit der englischen Schauspiele, Satiren, Lieder und Novellen jener Zeit ist ein tiefes Schandmal an unserer Nationalehre.«[71]

Die Evangelikalen, die Nachfolger der Puritaner, waren entschieden gegen das Theater. Ein treffendes Beispiel für ihre Auffassung ist John Newton, der Liederdichter von »Amazing Grace« (1725–1807). Er schrieb einen Brief an eine Dame, die angeblich ein Theater besucht hatte:

> Ich bin über überzeugt: Wenn irgendeine Praxis in diesem Land sündig ist, dann gilt das für den Besuch des Schauspielhauses zurecht und insbesondere. Die Theater sind Quellen und Werkzeuge des Lasters ... und ich kann kaum erdenken, dass es einen Christen auf Erden gibt, der es wagen würde, sich dort sehen zu lassen, wenn ihm das Wesen und die Wirkungen des Theaters gebührend vorgestellt würden ... Die Zeit ist kurz, die Ewigkeit steht vor der Tür: Wäre mit diesen nichtigen Vergnügungen kein anderes Übel verbunden als der Aufwand kostbarer Zeit, hätten wir in unseren Umständen keine Muße, sie zu beachten. Und – gepriesen sei Gott! – wir brauchen sie nicht. Das Evangelium eröffnet uns eine Quelle reinerer, lieblicherer und nahrhafterer Freuden.[72]

Von etwa 1740 an jedoch begann etwas, das die Bühne überschattete: Eine Erweckung rüttelte das moralisch herabgekommene England auf. Die Evangeliumsverkündigung von John Wesley und George Whitefield begann das Gesicht der Gesellschaft zu verändern. Der Heilige Geist, der durch ihre Verkündigung wirkte, führte Hunderttausende in eine lebendige Beziehung zu Gott. Als John Newton schrieb, dass »das Evangelium eine Quelle reinerer, lieblicherer und nahrhafterer Freuden eröffnet«, wusste er, wovon er sprach. Wer bei der »evangelikalen Erweckung«[73] gläubig wurde, hatte einfach kein Interesse, seine Zeit mit Schauspielen zu verplempern, ungeachtet dessen, ob diese nun mehr oder weniger übel waren. Der Neubekehrte hatte einfach etwas Besseres.

Dementsprechend kamen Prediger auch nie auf die Idee, ihre Arbeit mit Theaterstücken zu unterstützen. Gott wirkte bereits vollmächtig ohne Theater. Schauspiele waren während der Erweckung einfach kein Thema. Die Schriftstellerin und Dramaturgin Hannah More (1745–1833), die freundschaftliche Beziehungen zu den damals bekanntesten Schauspielern hatte, hörte nach ihrer Bekehrung auf, für die Bühne zu schreiben und bekannte, einst geglaubt zu haben, was sie jetzt für Trug hielt: »dass die Bühne unter bestimmten Voraussetzungen in eine Schule der Tugend bekehrt werden könne.« Später schlussfolgerte sie, dass die Frucht des Geistes und die Frucht der Bühne »einen so scharfen Kontrast darstellen, wie es der Mensch sich nur irgend vorstellen kann.«

Angesichts dessen ist es interessant, dass die heftigste Attacke gegen das Theater im 18. Jahrhundert nicht von einem Evangelikalen stammte, sondern von William Law, einem Kleriker der anglikanischen Hochkirche. Seine Schrift »Ein vollständiger Erweis der absoluten Ungesetzlichkeit der Bühnenunterhaltung«[74] ging 1773 in die sechste Auflage. Law betonte nicht so sehr, dass die Bühne indirekt zu Sünde veranlasst und deshalb verdammt werden müsse, sondern argumentierte vielmehr, dass sie von ihrem Wesen bereits »äußerst sündig« sei. Er begann jedoch mit dem Zustand der Theaterkultur und ihren Auswirkungen auf die Zuschauer. Sein erstes Argument richtete sich gegen »die schmutzigen Witze und Weltlichkeit, die zügellosen Gedanken, wilden Phrasen, blasphemischen Reden, wollüstigen Liebschaften, profanen Scherze und unreinen Leidenschaften« der Bühne.

Zweitens habe die Bühne schlechte Auswirkungen auf alle Zuschauer und das widerspräche Epheser 4,29 (»Kein faules Wort komme aus eurem Mund, sondern nur eins, das gut ist zur notwendigen Erbauung, damit es den Hörenden Gnade gebe!«). Drittens können wir nicht anderen Geld zahlen oder ihnen zuschauen, wie sie Dinge tun und sagen, die wir selbst verschmähen. Und viertens fördern die Theater das Gegenteil aller Heiligkeit und Gottseligkeit. Dann kam Law zum Herzstück seines Angriffs:

> Man muss beachten, dass dieser Zustand des Theaters nicht auf einem versehentlichen Missbrauch beruht, so wie man jedes neutrale oder gute Ding missbrauchen kann, sondern dass Verderbnis und Ausschweifung die wahrhaft wesensmäßigen und wirklichen Auswirkungen der Bühnenunterhaltung sind.

Das ist ein Stich ins Herz des Theaters, und wenn Laws Argument zutreffend ist, dann stimmt auch seine Schlussfolgerung:

> Es ist keine lieblose Behauptung, dass ein Schauspieler kein lebendiges Glied Christi und nicht im Stand der Gnade sein kann, bis er seinem Beruf mit aufrichtiger und tiefer Buße entsagt.

Und auf diese Schlussfolgerung eines Theologen der Hochkirche antworteten alle Evangelikalen von Herzen mit »Amen!«

Mit derselben Stimme sprachen sie sich gegen Tanz aus, sei es als Volkstanz oder der elegante und kokette Gesellschaftstanz auf den Bällen. 1761 schrieb Sir Richard Hill, ein evangelikales Parlamentsmitglied, einen langen Artikel, »um mit klarsten Beweisen zu zeigen, dass Bälle gänzlich unvereinbar sind mit dem Geist des Christentums und dass es unmöglich ist ihnen beizuwohnen, ohne große Schuld auf sich zu laden.«[75] Die einzige Gruppierung, die im 18. Jahrhundert Tanz im Gottesdienst einsetzte, war die »Gesellschaft der Shaker«, eine religiöse Bewegung aus Frankreich, die sich seit 1747 in England verbreitete. Ihr Gottesdienst beinhaltete feierliche, einzelgeschlechtliche Tänze in Reihen und Kreisen. Die Evangelikalen ließen sich davon keineswegs beeindrucken!

Die Einstellung der Evangelikalen änderte sich mit dem 19. Jahrhundert praktisch nicht. Im Grunde genommen waren die

Evangelikalen jenes viktorianischen Jahrhunderts puritanischer als die Puritaner und gingen gegen jedes Übel an. Der große evangelikale Prediger der viktorianischen Zeit, Charles Haddon Spurgeon (1834–1892) war ebenfalls strikt gegen Theater. In seinen Predigten kam er oft auf dieses Thema zurück. Hier müssen wir uns jedoch auf ein einziges Zitat beschränken:

> Von Leuten, die sich selbst Christen nennen, wird behauptet, es sei für Christen ratsam, regelmäßig ins Theater zu gehen, damit der Charakter des Dramas aufgewertet würde. Dieser Gedanke ist etwa ebenso vernünftig, als würden wir gebeten, eine Flasche Lavendelwasser in eine große Kloake zu gießen, um ihr Aroma zu verbessern. Wenn die Gemeinde die Welt nachahmen soll, um deren Niveau aufzuwerten, dann haben sich die Dinge seltsam gewandelt, seitdem unser Herr sagte: Geht aus ihrer Mitte hinaus und rührt Unreines nicht an![76]

Gegen Ende des Jahrhunderts nahm Spurgeons Ablehnung des Theaters sogar noch zu.

Tanz war für die Evangelikalen des 19. Jahrhunderts besonders sündig, genau wie für die Evangelikalen des vorausgegangenen Jahrhunderts. Nie gab es Gedanken an Theater oder Tanz im Rahmen von Gottesdienst oder Evangelisation. Diese Evangelikalen hatten eine beträchtliche Wirkung auf ihre umgebende Gesellschaft. Ein Autor, der vielleicht etwas übertreibt, behauptet: »Zwischen 1780 und 1850 hörten die Engländer auf, eine der aggressivsten, brutalsten, gewalttätigsten, dreistesten, aufrührerischsten, grausamsten und blutrünstigsten Nationen der Welt zu sein und wurde zu einer der zurückhaltendsten, höflichsten, ruhigsten, sanftmütigsten, prüdesten und scheinheiligsten.«[77] Ein anderer spricht von der »langweiligen Häuslichkeit des viktorianischen Wohnzimmers«[78], muss aber zugeben, dass Kriminalität und Krawalle in der ersten Hälfte des 19. Jahrhunderts einen »dramatischen Rückgang« erlebten. Die viktorianischen Evangelikalen hatten sicher auch ihre Fehler, doch strebten sie ernstlich nach guter Moral und geistlichem Leben; und Theater und Tanz waren für sie Hindernisse für beides.

Kapitel 4

Tanz in der Bibel

Die Behauptungen und Gegenbehauptungen, welchen Stellenwert Tanz im Alten Testament angeblich einnehme, sind verwirrend. Ein bekannter Autor schreibt, dass es »im Alten Testament eine Fülle von Beispielen für Lieder und Tanz in der Anbetung«[79] gäbe, während ein anderer Schreiber den biblischen Befund kurz zusammenfasst: »Im Alten Testament wird Tanz im Zusammenhang mit Gottesdienst nur in 2. Samuel 6,14 erwähnt.«[80] Wie können wir nun entscheiden, welche dieser beiden sich widersprechenden Ansichten richtig ist? Wie bei so vielen Problemen im Leben führt auch hier leider kein Weg daran vorbei, erhebliche Mühe aufzuwenden, um eine Antwort zu finden. Wir können die Frage nur beantworten, indem wir alle im Alten Testament verwendeten Wörter untersuchen, die mit Tanz zu tun haben können. Die Experten haben das bisher leider versäumt.

Ein Hebräischwörterbuch (*Jewish Encyclopedia*) listet elf hebräische Stammverben auf, die »für tanzen verwendet werden und die einzelne Nuancen tänzerischer Bewegungen betonen«.[81] Das lässt hoffen, doch ein sorgfältigeres Studium führt zu der Schlussfolgerung, dass »Nuancen tänzerischer Bewegungen« eine recht übertriebene Bezeichnung für Wörter ist, die eigentlich nichts anderes bedeuten als springen, hüpfen oder hopsen. Wenn diese elf Wörter wirklich Bedeutungsnuancen bezeichnen, sollten wir anhand der Bibel ein einfaches Tanzhandbuch erstellen können. Besagtes Hebräischwörterbuch behauptet sogar, dieser reichhaltige Wortschatz deute hin »auf eine fortgeschrittene Choreografie unter den Juden«. Das ist leider eine völlig unmögliche Behauptung. Niemand, nicht einmal jemand aus der modernen Anbetungstanz-Bewegung, hat bisher versucht, jüdische Tänze aus dem Alten Testament wieder einzuführen. Ein »Handbuch hebräischer Tanzbewegungen im Alten Testament« ist bisher weder veröffentlicht, noch geschrieben, noch ausgedacht worden. In Wirklichkeit ist es so, dass nicht alle Gelehrten zustimmen, dass es tatsächlich ganze elf Wörter für Tanzen im Alten Testament gibt. Ein anderes Hebräischwörterbuch[82] reduziert die Anzahl auf vier. Manche zählen sogar nur ein einziges, wie wir gleich sehen werden.

Davids Tanz

Die beste Fundgrube für Tanz im Alten Testament ist üblicherweise 2. Samuel 6, wo die Bundeslade in Begleitung von David und dem Volk Israel nach Jerusalem zurückgeführt wird. Die Schlüsselverse sind 5, 14 und 16, wobei zwischen den Versen 5 und 14 ein Zeitraum von drei Monaten liegt.

In Vers 5 wird für »tanzen« das hebräische Wort *sahek* verwendet (ebenso im Parallelabschnitt in 1Chr 13,8), und die *Jewish Encyclopedia* behauptet, dass David »im gewöhnlichen Sinne des Wortes *sahek* tanzte«. Wir erfahren jedoch nicht, was dieser »gewöhnliche Sinn« sein soll. Das Wort kann tatsächlich auch »lachen« oder »sich lustig machen« bedeuten und bezieht sich keineswegs unbedingt auf Tanz. Dasselbe Wort kommt auch ein paar Kapitel vorher vor und bezeichnet dort in 2. Samuel 2,14 einen Zweikampf – bei diesem »Tanz« lagen am Ende 24 junge Männer tot am Boden! Die alten Luther- und Elberfelder Bibelausgaben übersetzen in 2. Samuel 6,5 *sahek* mit »spielen« (im Sinne von musizieren), und in Jeremia 31,4, wo dasselbe Wort steht, lesen wir wiederum »tanzen«. In Richter 16,25 riefen die Philister Simson, damit er für sie »Späße mache« (rev. Elberfelder). Es ist äußerst unwahrscheinlich, dass Simson blind und angekettet vor dem heidnischen Publikum tanzte; sie wollten ihn einfach auslachen und sich an ihm und seiner Misere amüsieren. Was also ist der »gewöhnliche Sinn« dieses Wortes? Tatsächlich wird dieser Begriff nirgends im AT so verwendet, dass er eindeutig »tanzen« bedeutet. Das Wort selbst gibt uns keinen Anhaltspunkt, welcher Form die Freudenausdrücke in 2. Samuel 6 waren. Die Begleitung von Musikinstrumenten in diesem Kapitel und in Jeremia 31 bedeutet nicht unbedingt, dass wirklich getanzt wurde. Mit dem Wort *sahek* kann sogar das Musizieren an sich im Sinne von Spielen gemeint sein.

Bezeichnenderweise schreibt sogar J. H. Eaton in seinem Beitrag in *Worship and Dance,* dass das Wort *sahek* in 2. Samuel 6 am besten mit »feiern, scherzen« übersetzt wird, obwohl dieser Autor ansonsten eifrig darum bemüht ist, so viel Tanz wie möglich im AT aufzuspüren.[83]

Die Bundeslade blieb für drei Monate im Haus von Obed-Edom, bevor David sie endgültig nach Jerusalem brachte (2Sam 6,12-22). Bei dieser zweiten und letzten Etappe wird Davids Verhalten mit drei neuen Wörtern beschrieben. Wir müssen auf die hebräischen Wörter eingehen, weil ihre Bedeutung im Deutschen mehrdeutig ist und eine klare Definition nur anhand der Originalsprache vorgenommen werden kann.

In Vers 14 wird das Wort *karar* verwendet. Es kann »rotieren«, »vorrücken oder springen«, »umherwirbeln« oder einfach »sich umherbewegen«[84] bedeuten. Eines ist klar: Der Grundgedanke ist »sich schnell bewegen«; das hebräische Wort für Dromedar hat denselben Stamm, weil dieses Tier so agil ist. David hüpfte offenbar vor Freude. In Vers 16 kommt zusätzlich zu *karar* noch das Wort *pasaz* vor. *Pasaz* bedeutet einfach »springen«. David hüpfte und sprang vor Freude.

Im Parallelabschnitt in 1. Chronik 15,29 wird Davids Bewegung mit einem vierten Wort beschrieben, *rakad*, was »hüpfen« bedeutet. In Jesaja 13,21 wird es für springende wilde Böcke verwendet, in Psalm 29,6 für springende Kälber und in Hiob 21,11 für spielende und hüpfende Kinder. Sogar in der Liste von Gegensätzen in Prediger 3,4 bildet *rakad* das Gegenteil zu »klagen«, bedeutet also eher »jubeln« als »tanzen«. »Vor Freude hüpfen« wäre hier ebenfalls eine korrekte Übersetzung.

Als die Bundeslade zum ersten Mal den Weg nach Jerusalem antrat, feierte und musizierte David dabei (*sahek*, 2Sam 6,5). Drei Monate später, als die Bundeslade vom Haus Obed-Edoms weitertransportiert wurde, sprang David mit ausgelassener Freude wie ein aufgeregtes Kind (*karar*, 2Sam 6,14); er hüpfte (*pasaz*, V. 16) und hopste (*rakad*, 1Chr 15,29). Keines dieser Wörter bedeutet unbedingt tanzen. Was David tat, war sicherlich ein Ausnahmefall und nicht seine übliche Art der Anbetung. Deshalb erwähnt die Bibel dies besonders, und deshalb regte sich seine Frau Michal darüber auf. Bei diesen Begriffen von »Nuancen tänzerischer Bewegungen« zu sprechen, ist weit übertrieben. Es handelte sich hier um einen spontanen Ausbruch eines überschwänglichen

Anbeters und es war außergewöhnlich genug, um in der Schrift verewigt zu werden. Diese Wörter werden nie wieder für Davids Anbetung verwendet und keines von ihnen beschreibt einen formalen eingeübten Tanz.

Nicht jeder ausgelassene Hüpfer und Sprung aus überschwänglicher Freude ist Tanz. Das möchte ich an einem Beispiel verdeutlichen. In Apostelgeschichte 3,8 wird von dem Lahmen berichtet, der an der »schönen Pforte« durch Petrus geheilt worden war: Er »sprang auf, konnte stehen und … ging umher und sprang und lobte Gott.« Auch in Apostelgeschichte 14,10 »sprang« der Geheilte in Lystra auf. In beiden Fällen wird derselbe Wortstamm verwendet, der »hochschnellen oder springen« bedeutet. Diese Männer erhoben sich nicht in Zeitlupe auf ihre Füße, sondern schnellten freudig hoch. Im ersten Fall ging der Geheilte sogleich in den Tempel »und sprang und lobte Gott«. Meines Wissens hat bisher niemand behauptet, dieser Mann habe getanzt, denn das verwendete Wort hat keine solche Bedeutung. Im Griechischen gibt es für formales Tanzen ein anderes Wort, *orcheomai*, von dem unser Wort »Orchester« abstammt. Wenn wir einen Hüpfer oder Sprung unbedingt »Tanz« nennen wollen, dann haben wir das Wort umdefiniert. David tat nichts anderes als die beiden Geheilten in Jerusalem und Lystra tausend Jahre später. Er sprang vor Freude.

Außerdem müssen wir bedenken, dass David sich mit seinem Verhalten quasi blamierte. Das sehen wir an der Reaktion seiner Frau Michal. Sie bewundert ihn nicht für seine Verrenkungen, sondern verachtet ihn. Durch sein Verhalten erwies David Gott alle Ehre und gab seine eigene Ehre auf. Es war keine künstlerische Darbietung, sondern er war so außer sich, dass rein menschlich denkende Beobachter ihn für verrückt hielten. Das ist ein Merkmal eines Gott ehrenden, anbetenden Lebensstils. Weltmenschen können darüber nur den Kopf schütteln.

Vielleicht fällt es schwer, unsere Schlussfolgerung zu akzeptieren, doch wenn man David als Beispiel für Anbetungstanz heranzieht, zwingt man den Wörtern, die der Heilige Geist verwendet hat, eine überspannte Bedeutung auf. Es ist besonders bedeutsam, dass es nur ein einziges eindeutiges hebräisches Wort für Tanzen gibt und dass dieses Wort niemals im Zusammenhang mit

David verwendet wird! Wer trotz dieser Tatsachen dennoch darauf besteht, dass David vor der Bundeslade getanzt habe, muss einräumen, dass es sein erster und letzter in der Bibel erwähnter Anbetungstanz war und dass keiner der späteren Könige, Priester oder Propheten ihm darin gefolgt sind.

Heute wird in Davids Verhalten vor der Bundeslade viel zu viel hineininterpretiert. J.H. Eaton fordert uns heraus, Davids Tanz im Zusammenhang mit Psalm 132 und 1. Könige 8 zu studieren: »Dann werden wir ... schlussfolgern, dass das kultusgründende Werk Davids alljährlich bei den Herbstfeierlichkeiten in Jerusalem aufs Neue inszeniert wurde. So haben seine Nachfolger ebenfalls die Bundeslade unter Tanz und Opfer ins Heiligtum eingeführt.«[85] Wenn wir diese Herausforderung annehmen, stellen wir jedoch fest, dass Psalm 132 keines der Wörter enthält, die mit Tanz zu tun haben, und die einzigen körperlichen Tätigkeiten Salomos in 1. Könige 8 bestehen darin, dass er sich mit den Priestern und Ältesten versammelte, sich dann dem Volk zuwandte, vor dem Altar stand, niederkniete, seine Hände zum Gebet erhob und Opfer darbrachte. Es ist eine völlig unberechtigte Unterstellung, dass er dabei getanzt habe. Dass ägyptische Könige tanzten, besagt nichts über die Praxis von israelitischen Königen und noch weniger darüber, was sie hätten tun *sollen.*

Weitere biblische Begriffe für Tanzen

Wir müssen noch kurz auf ein oder zwei weitere Wörter eingehen, die manchmal in die Diskussion um das Tanzen hineingezogen werden. Das Wort *pasah* bedeutet »vorübergehen« oder »verschonen«. Es kann jedoch auch »springen« bedeuten. In diesem Sinne wird es in 1. Könige 18,26 für die wilden Verrenkungen der Baalspropheten verwendet. Nun liegt das Wort *pasah* dem Begriff »Passahfest« zugrunde, und das hat viele zu der Annahme geführt, dass Tanz fester Bestandteil des Passahfestes gewesen sei. Eine solche Behauptung verletzt jegliches vernünftige Wortverständnis. Das Passah erinnerte an die Nacht, als der Würgeengel in Ägypten an den Wohnungen der Israeliten »vorüberging« und die erstgeborenen Israeliten verschonte (2Mo 12,27). Das war eine furchtbare Nacht des Todesschreckens in Ägypten. Der Würgeengel ist wohl kaum durch das Land getanzt. Das Passahfest hat absolut nichts mit Tanzen zu tun.

Ein weiteres Wort ist *hagag,* was so viel bedeutet wie »sich im Kreis bewegen«. Es ist außerdem das übliche alttestamentliche Wort für ein geistliches Fest. Beispielsweise wird es in 2. Mose 12,14 für das Passahfest verwendet und kommt auch an vielen anderen Stellen des AT vor (z.B. in Ps 42,5). Ursprünglich enthielt das Wort sicherlich die Bedeutung einer feierlichen Prozession. In 1. Samuel 30,16 wird es für ein Trinkgelage verwendet und in Psalm 107,27 beschreibt es den Gang des Betrunkenen. Für unsere Zwecke stehen wir vor dem Problem, dass wir keine Hinweise dafür haben, dass die Juden bei der Verwendung dieses Wortes für ihre Feste dabei irgendwie an Tanz dachten. Bestenfalls kann das Wort die jüdische Prozession bezeichnen, die von den Priestern zum Heiligtum geführt wurde. Doch eine Prozession ist kein Tanz, es sei denn, sie beinhaltete nachweislich eine Choreografie. Dergleichen sagt die Bibel jedoch nicht.

Der frühere Hebräischprofessor an der Universität von Oxford, Prof. S.R. Driver, lehnte es strikt ab, dem Wort *hagag* eine Verbindung mit Tanz zuzugestehen, unabhängig davon, ob es jüdische Feste oder etwas anderes bezeichnet.[86] Die Hinweise, dass dieses Wort irgendetwas mit Tanz zu tun haben könnte, sind äußerst schwach und daher überrascht es, dass Oesterley behauptet, es sei »der wichtigste ursprüngliche hebräische Begriff für religiösen Tanz«[87].

Wer erwartet hatte, eine Fülle von Beispielen von alttestamentlichem Anbetungstanz zu finden, wird durch diesen Befund vielleicht sehr enttäuscht. Wir hatten jedoch gewarnt, dass ein bekannter Autor geschlussfolgert hatte: »Im Alten Testament wird Tanz im Zusammenhang mit Gottesdienst nur in 2. Samuel 6,14 erwähnt.«[88] Und selbst diese Schriftstelle scheint, wie oben gezeigt, eigentlich nicht von echtem Tanz zu sprechen.

Reigentanz

Dennoch wird Tanz klar im Alten Testament erwähnt. Das führt uns zum einzigen hebräischen Wort, das in erster Linie »tanzen« bedeutet: *hul.* Der Wortstamm dieses Ausdrucks bedeutet »sich drehen, (herum-)wirbeln, sich winden«. Es wird für Geburtswehen verwendet (Jes 54,1), für den Wirbelsturm, der »herabwirbelt« (Jer 23,19) und sogar für Angstzustände (Est 4,4). Andere, vom selben Stamm abgeleitete Wörter bezeichnen Stärke, Macht, Tapferkeit, Soldaten, Armeen und Furcht. Doch das Substantiv *mahol* bedeutet zweifellos Tanz. Mit dieser Bedeutung wird es in der Bibel verwendet:

- Mirjam tanzte mit den Frauen nach der Überquerung des Roten Meeres (2Mo 15,20).
- Die Tochter Jephtas begegnete ihrem Vater tanzend (Ri 11,34).
- Die Mädchen von Silo tanzten, als die Männer aus Bethlehem sich Bräute aus ihnen wählten (Ri 21,21.23).
- Saul und David wurden von tanzenden Frauen begrüßt, als sie siegreich vom Kampf gegen die Philister heimkehrten (1Sam 18,6; vgl. 21,11; 29,5).
- Jeremia prophezeite dem Volk Israel den »Reigen der Tanzenden« (Jer 31,4.13; Kla 5,15).

Dennoch kann man nicht sagen, es gäbe eine Fülle von Beispielen von Tanz im Alten Testament. Nur insgesamt 13 Mal spricht die revidierte Elberfelder Bibel im AT von »Tanz« oder »tanzen«, hinzu kommen 12 weitere Erwähnungen von »Reigen«. Die »Hoffnung für alle« verwendet im AT 27 Mal »Tanz« oder »tanzen« und an zwei weiteren Stellen »Reigen«.

Nur an drei Stellen im Alten Testament wird *mahol* im Zusammenhang mit Gottesdienst verwendet. Der Tanz der Jungfrauen in Richter 21 fand möglicherweise beim Laubhüttenfest statt, doch J.H. Eaton meint, dieser Tanz habe mit Hochzeit und Fruchtbarkeit (im familiären und landwirtschaftlichen Sinne) zu tun.[89] Wahrscheinlich hat er Recht und dann handelt es sich hier wohl kaum um ein Musterbeispiel für die Anbetung Jahwes!

Die anderen beiden Vorkommen, wo *mahol* im Zusammenhang mit Gottesdienst verstanden werden muss, finden sich in Psalm 149,3 und 150,4. Hier geht es um die überschwängliche Freude des Volkes Gottes, die durch Musizieren und Reigentanz ausgedrückt wird. Doch diese beiden Verse allein beweisen nicht, dass Tanz ein essentieller Bestandteil von Anbetung war, geschweige denn sein sollte. Die Grundaussage beider Psalmen ist, dass alles, was Atem hat, den Herrn loben soll (150,6). Der Psalmist schreibt über das Thema, dass alles, was das Volk Gottes tut, Gott ehren soll. Dazu gehört ihre Anbetung in der Versammlung (149,1; 150,1), ihr Tanz (149,3; 150,4); ihre Musik (149,4; 150,3.4) und sogar ihre Kriege (149,6-9)!

> Loben sollen sie seinen Namen beim Reigen, mit Tamburin und Zither sollen sie ihm spielen! … Lobpreis Gottes sei in ihrer Kehle und ein zweischneidiges Schwert in ihrer Hand, um Rache zu vollziehen an den Nationen, Strafgerichte an den Völkerschaften, um ihre Könige zu binden mit Ketten, ihre Edlen mit eisernen Fesseln, um das schon aufgeschriebene Gericht an ihnen zu vollziehen! Das ist Ehre für alle seine Frommen. Halleluja! (Ps 149,3.6-9).

Die Psalmen 149 und 150 beschreiben nicht den jüdischen Tempelgottesdienst, sondern besagen schlicht, dass alles im Leben der Gläubigen – von Tanz bis zum Krieg – zur Ehre Gottes sein sollte.[90]

Die heutigen formalen, gut geplanten und eingeübten Tänze waren im geistlichen Leben der Juden unbekannt, und das AT liefert auch keine Hinweise, dass es solche Tänze im gesellschaftlichen Leben gab. Das völlige Fehlen von Choreografen im AT ist sicherlich bedeutsam. Wir lesen von Chorleitern und Verantwortlichen für die Musik (z. B. Neh 12,42-45), doch nie von Tanzleitern oder -gestaltern (Choreografen). J. H. Eaton spricht von »Spezialisten für Tempelmusik und -tanz«[91], nennt dafür aber keinen Beleg. Wir lesen nirgends von Spezialisten für Tempeltanz und man kann diese Behauptung nicht einfach auf die *Vermutung* gründen, dass Musizieren stets mit Tanz einherging.

Tanz, wie er allgemein verstanden und definiert wird, kommt im AT *nirgends* im direkten Zusammenhang mit Anbetung vor. Wir dürfen weder die formalen religiösen Prozessionen noch einfache Freudenhüpfer einfach als Tanz bezeichnen. Es wäre absurd zu behaupten, wenn ein Anbeter seine Hände im Gebet erhob, habe er somit getanzt; ebenso falsch ist die Auffassung, Davids Freudensprünge seien eine künstlerische Form von Anbetungstanz gewesen. Das einzige hebräische Wort, das eindeutig »tanzen« bedeutet (*mahol*), wird weder für Davids Ausdruck der Freude vor der Bundeslade noch für irgendeine andere Aktivität bei der Anbetung verwendet. Die beiden oft zitierten Psalmen beziehen sich offenbar nicht auf Tanz im Gottesdienst, sondern auf Ausdrucksformen heiliger Freude über Gott. Man kann vielleicht indirekt schlussfolgern, dass dies auch die Möglichkeit von Tanz im Gottesdienst zulässt. Doch eine indirekte Schlussfolgerung ist kein Beweis, sondern bestenfalls eine Meinung.

Unter den Juden war Tanz eine Aktivität, die ausschließlich einzelgeschlechtlich und nicht gemischtgeschlechtlich praktiziert wurde. Es ist eine Tatsache, dass wir im Alten Testament niemals von tanzenden Männern lesen. Stets tanzten ausschließlich Frauen mit Frauen, niemals Männer mit Männern, geschweige denn Männer mit Frauen.

Außerdem wurde nie zur Unterhaltung eines Publikums getanzt. Tanz war stets die spontane Reaktion auf eine besondere Situation. Einübung und geplante Bewegungsfiguren waren im Alten Testament anscheinend unbekannt. Bestenfalls war Tanz eine ungewöhnliche, spontane und enthusiastische Reaktion auf die Güte und Gnade Gottes. Im Normalfall war alttestamentliche Anbetung das scheue und ehrfurchtsvolle Nahen zu einem heiligen Gott. Der Hohepriester tanzte nicht durch den Tempel ins Allerheiligste, sondern er nahte mit Furcht und Zittern. Auch Jesaja tanzte nicht im Heiligtum, als er »den Herrn auf hohem und erhabenem Thron sitzen« sah (Jes 6,1).[92]

In seinem Buch »Der hebräische Einfluss auf die abendländische Zivilisation«[93] will Dagobert D. Runes zeigen, welch enormen Einfluss das jüdische Gedanken- und Kulturgut auf alle Lebensbereiche hatte. Zwei Kapitel widmet er dem Thema »Israel und der Tanz«. Aus vielen Quellen belegt er den bedeutenden Beitrag von Juden auf das moderne Ballett und den Tanz und geht dabei zurück auf den berühmten italienischen Juden Guglielmo Ebreo, der vor zweihundert Jahren lebte. Doch mit dem Alten Testament kann er sich bezeichnenderweise nur zwei Seiten lang beschäftigen. Da das mosaische Gesetz, wie er zugibt, zwar »peinlich genau alle anderen Rituale regelt«, aber nichts über Tanz sagt, greift auch Runes zurück auf Davids Tanz vor der

Bundeslade und beschreibt diesen als »herausragendstes Beispiel eines Vortänzers, der wahrscheinlich von anderen gefolgt und nachgeahmt wurde ... Wahrscheinlich handelte es sich um einen Drehtanz mit vielfältigen Gesten, der von kräftigen Schritten akzentuiert wurde.« Man beachte die Wiederholung des Wortes »wahrscheinlich«! Noch skeptischer werden wir, wenn uns Runes versichert, dass die jüdischen und frühen christlichen Propheten »den Geist Gottes in der Ekstase des Tanzes fanden« und diese Behauptung lediglich mit einem vagen Hinweis auf Jeremia 1,9 belegt, wo es überhaupt nicht um Tanz geht.

Tanz im Neuen Testament

Im Neuen Testament kommt Tanz absolut nicht im Zusammenhang von Anbetung oder Gottesdienst vor. Für den Christen sollte das zumindest bedeuten, dass Tanz keine Form der Anbetung bei den ersten Christen war. Insgesamt wird Tanz nur drei Mal im Neuen Testament erwähnt: Das griechische Wort *orcheomai* beschreibt den verhängnisvollen Tanz der Tochter der Herodias (Mt 14,6 und Mk 6,22) und Kinder, die auf der Straße spielen (Mt 11,17 und Lk 7,32). In Lukas 15,25, bei der Feier des heimgekehrten verlorenen Sohnes, wird ein anderes Wort verwendet: *chorus* kann sich auf singen, tanzen oder beides beziehen. Keiner dieser drei Fälle ist ein Musterbeispiel für christliche Anbetung!

Argumente aus einem Standardwerk

Im letzten Abschnitt dieses Kapitels wollen wir auf ein Standardwerk zum Thema Anbetungstanz eingehen: »Der sakrale Tanz« von W.O.E. Oesterley[94]. Auch wenn es kein aktuelles Buch ist, ist eine solche Untersuchung aus drei Gründen nützlich: Erstens wurde es in den 1920er Jahren geschrieben, lange bevor das Thema unter Evangelikalen zu einem heißen Eisen wurde. Zweitens handelt es sich um ein recht gründliches Standardwerk, das bisher durch keine aktuellere Studie ersetzt worden ist und das auch heute immer noch als Beleg zitiert wird von Autoren, die pro Anbetungstanz argumentieren. Und drittens offenbart Oesterley die

Vorurteile und Vermutungen, die aufgestellt werden müssen, um Tanz in der Anbetung zu verteidigen.

Oesterley gibt zu, dass es im Alten Testament an soliden Hinweisen fehlt, zählt das AT aber dennoch zu seiner Liste »reichhaltiger« Quellenmaterialien. Er beabsichtigt in seinem Buch, die große Häufigkeit und Wichtigkeit von Tanz in antiken Religionen und insbesondere im Judentum aufzuzeigen. Er ist sich sicher, dass Tanz eine wichtige Rolle im jüdischen Gottesdienst spielte und versucht dies zu beweisen. Er schreibt:

> In einigen wichtigen Fällen schweigt das Alte Testament … Wenn ein besonderer Typus sakralen Tanzes nicht im Alten Testament erwähnt wird, muss man deshalb nicht annehmen, es habe ihn nicht gegeben. Indirekte Indizien weisen darauf hin, dass höchstwahrscheinlich das Gegenteil der Fall ist. Deshalb werden wir häufig auf nachbiblische jüdische Gewohnheiten und Bräuche hinweisen. Aufgrund der Natur der Sache ist so etwas wie der sakrale Tanz wahrscheinlich nicht erst in späteren Zeiten eingeführt worden. Daher kann man seine Existenz zu nachbiblischer Zeit gut als Fortführung traditioneller Bräuche verstehen, und wenn das so ist, kann man seine Existenz unter den alttestamentlichen Israeliten als selbstverständlich annehmen.[95]

Man muss beachten, wie Oesterley hier argumentiert: »In einigen wichtigen Fällen schweigt … Indirekte Indizien … höchstwahrscheinlich … wahrscheinlich nicht … kann man verstehen … als selbstverständlich annehmen.« Das sind aufschlussreiche Eingeständnisse von jemanden, der beweisen will, wie weitverbreitet und wichtig der religiöse Tanz im Judentum war!

Oesterley gibt zu, dass das AT »in einigen wichtigen Fällen« schweigt. Tatsächlich gibt es im gesamten AT keinen einzigen Vers, der Anweisungen für religiösen oder gesellschaftlichen Tanz enthält. Wenn Tanz ein so integraler Bestandteil des jüdischen Gottesdienstes gewesen sein soll, ist das höchst seltsam – insbesondere angesichts der detaillierten Anweisungen bezüglich jedes anderen Aspekts ihres religiösen Lebens: Material, Farbe und Stickereien der Priestergewänder, Gestalt und Beschaffenheit des ganzen Zubehörs der Opferrituale und die Qualität und Art der zu verwendenden Opfertiere werden allesamt höchst detailliert angegeben. Auch die Verrichtungen der Priester werden minutiös beschrieben. Doch nichts, kein einziges Wort, sagt das AT über einen angeblichen sakralen Tanz. Oesterley hätte korrekterweise zugeben sollen, dass das AT in *allen* wichtigen Fällen schweigt. Zumindest räumt er die »vergleichsweise seltene Erwähnung des sakralen Tanzes im Alten Testament« ein.

Es ist eine schwache Ausrede von Oesterley, wenn er behauptet, Anweisungen zum Tanz seien nicht erforderlich, weil Tanz in der Anbetung seit undenklichen Zeiten Gang und Gäbe gewesen sei. Das gilt für Opferungen, Priester und Altäre, doch zu deren Gebrauch nennt Gott ausgiebige Details.

»Nachbiblische jüdische Gewohnheiten und Bräuche« liefern leider wenig Beweise für alttestamentliche Praktiken. Während der 400 Jahre zwischen Maleachi und der Geburt Jesu änderte sich das Leben der Juden dramatisch und in dieser Zeit schlichen sich viele Auffassungen und Praktiken in die jüdische Religion ein, die keine Grundlage im AT hatten und die Christus nicht anerkannte. Beispielsweise waren die jüdischen Vorstellungen über Engel und Geistwesen weit entfernt von allem, was das AT darüber sagt. Warum also liegt es angeblich in »der Natur der Sache«, dass »der sakrale Tanz wahrscheinlich nicht erst in späteren Zeiten eingeführt worden« ist? Während ihrer ganzen Geschichte haben die Juden immer wieder heidnische Elemente in ihre Religionsausübung übernommen, und es war eine Hauptaufgabe der Propheten, die heidnischen Hinzufügungen zu brandmarken – sie waren eine der größten Schwächen der jüdischen Geschichte. Wir können es nicht »als selbstverständlich annehmen«, dass ein nachbiblischer Brauch »eine Fortführung traditioneller Bräuche« war. Das muss entweder bewiesen werden, oder die Annahme wird ungültig. Wenn es schon äußerst schwierig ist, die Existenz von Choreografie im Alten Testament aufzuzeigen, dann ist es unmöglich zu zeigen, dass Gott Tanz geboten hat.

Die besondere Schwäche von Oesterleys Argumentation wird deutlich, wenn er Beispiele für die Typen von sakralem Tanz im Alten Testament aufzuzeigen versucht.[96] Er spricht vom »Prozessionstanz« und nennt nur 2. Samuel 6 als Beleg. Dabei behauptet er, dort werde das übliche hebräische Wort für tanzen verwendet. Wie wir bereits gesehen haben, stimmt das jedoch nicht. Dann führt Oesterley das »Umkreisen eines sakralen Gegenstands« an. Nachdem er eingestanden hat, dass dergleichen »im Alten Testament nirgends ausdrücklich erwähnt wird«, schlussfolgert er nichtsdestotrotz: »Wir können kaum bezweifeln, dass es dies bei den Israeliten gegeben hat.« Das ist reines Wunschdenken – wo sind die Belege dafür?

Der »ekstatische Tanz« wird angeblich durch das »wohlbekannte Beispiel« Sauls in 1. Samuel 10 nachgewiesen. Doch in dieser Schriftstelle findet sich kein einziges Wort über Tanz oder auch nur Körperbewegungen. Die Betonung im Dienst der Propheten liegt nicht auf seiner Bewegung, sondern auf seinen Worten, und in Vers 5 findet sich keine »Prozession«, sondern eine »Schar« von Propheten. Der einzige weitere »ekstatische Tanz«, auf den Oesterley verweist, ist jener der Baalspropheten auf dem Berg Karmel. Auf dieses wilde Raserei der heidnischen Propheten brauchen wir wohl kaum eingehen!

Der einzige Punkt, wo Oesterley anscheinend auf festem Grund steht, ist sein Hinweis auf Tanz im Rahmen einer Siegesfeier. Hierfür gibt es einige Belegstellen (z.B. 2Mo 15,20; der Tanz der Israelitinnen nach dem Durchzug durchs Rote Meer). Belege für Tanz bei den Weinlese- und Herbstfesten findet Oesterley »in den spärlichen Hinweisen«, doch als einzige Bibelstelle (die Tanz jedoch nicht erwähnt) führt er die Verurteilung des »ehrfurchtslosen Gottesdienstes« der Juden durch den Propheten Amos an! Sofern dieser »ehrfurchtslose Gottesdienst« auch Tanz beinhaltete, ist das ein kontraproduktives Argument, denn Gott sagte dort: »Tue den Lärm deiner Lieder von mir hinweg« (Amos 5,23; Unrev. Elb.). Seine Hinweise auf Tanz beim »Beschneidungsritual«, der »Hochzeitszeremonie« und beim »Begräbnis« versucht Oesterley gar nicht aus dem AT zu belegen, sondern nennt dazu lediglich »Indizien aus der späten jüdischen Literatur und der analogen Praxis anderer Völker«.

Damit hat einer der Hauptvertreter des alttestamentlich begründeten Anbetungstanzes sich als haltlos erwiesen, da ihm verlässliche Belege fehlen. Wir warten heute immer noch auf eine überzeugendere Schriftauslegung als die von Oesterley.

Schlussfolgerung

Welche Schlussfolgerung müssen wir nun ziehen? Diese Untersuchung des biblischen Befundes zum Thema Tanz soll nicht dazu dienen, Tanz abzuschaffen. Wir möchten nur bitten, dass man nicht versuchen sollte, mithilfe von zu wenig Beweismaterial zu viel zu beweisen. Welches auch unsere persönliche Vorliebe sei, führen die biblischen Fakten wohl kaum zu der Schlussfolgerung von John Eaton: »Die Befürworter des Anbetungstanzes haben im Alten Testament einen gewichtigen Verbündeten, insbesondere in den Psalmen.«[97] Wenn Tanz überhaupt berechtigt ist, und insbesondere im Gottesdienst, müssen wir zugeben, dass sich der neutestamentliche Befund auf Null beläuft und der alttestamentliche Befund spärlich ist. Wenn eine Gemeinde zur Anbetung tanzen möchte, können wir allein auf biblischer Grundlage bestenfalls schließen, dass diese Praxis ihre eigene Sache ist. Sie sollte nicht die Bibel manipulieren oder missbrauchen, um ihre eigene Sache zu unterstützen, und sie sollte weder behaupten, Anbetungstanz sei ein Kennzeichen für Gehorsam gegenüber der Bibel noch für geistliches Leben. Wenn die Bibel Tanz auch nicht ausdrücklich verbietet, so schreibt sie ihn weder vor, noch ermutigt sie dazu.

Kapitel 5

Theater in der Bibel

Wenn man nach biblischen Begründungen für Theaterspiele sucht, besteht die Gefahr, dass man aus wenigen Indizien große Rückschlüsse zieht. Es ist heute fast an der Tagesordnung, dass Autoren und Referenten weitreichende Behauptungen aufstellen, entweder in Unkenntnis der Fakten oder in der Hoffnung, dass niemand sich die Mühe machen und die Tatsachen nachprüfen wird. Ein weiteres Problem ist, dass oft Definitionen verdreht werden, um Indizien und Behauptungen in Einklang zu bringen. Beispielsweise wird jeder zustimmen, dass es in der Bibel keine Parallele zu heutigen Theateraufführungen gibt; und so dreht man solange an der Definition von Theater, bis es auf irgendetwas passt, was doch in der Bibel vorkommt. Auf diese beiden Probleme will ich kurz näher eingehen.

Martha Keys Barker stellt folgende Behauptung auf: »Wir stellen fest, dass das Wort Gottes oft durch Theater, Erzählform und Poesie zum Ausdruck gebracht wurde.«[98] Somit müssen wir erwarten, Theater »oft« in der Bibel zu finden. In ähnlicher Weise behauptet David Watson in seiner Verteidigung von evangelistischem Theater, Hesekiel sei »ein Meister des Straßentheaters« gewesen, »wobei prophetische und symbolische Mimik oder Theater einen integralen Bestandteil seines gottgegebenen Dienstes bildeten«.[99] Watson behauptet auch, dass Jesus »ein Schwergewicht auf das Visuelle legte«. Der Ausdruck »integraler Bestandteil« muss implizieren, dass der Prophet regelmäßig Theater spielte und dies eine seiner wichtigsten und üblichsten Methoden war, seine Botschaft zu vermitteln. Der Ausdruck ein »Schwergewicht legen« erfordert ebenfalls, dass ein Großteil der Verkündigung des Herrn im Gebrauch visueller Hilfsmittel bestand; der Ausdruck beinhaltet sicherlich mehr als das gelegentliche Einbeziehen eines Kindes oder einer Münze. Andere verweisen auf einige wenige Schriftstellen bei Hesekiel, in Matthäus 18 und Apostelgeschichte 21 und begnügen sich ansonsten mit der Hoffnung, dass es »zweifellos mehr davon gibt«. Leider wird allzu oft angenommen, die Bibel rechtfertige Theater durch ausreichend Schriftstellen, wenn wir nur die Zeit hätten, um sie alle aufzuspüren. In diesem Kapitel werden wir, genau wie im vorigen, einfach nach Fakten suchen. Wir möchten objektiv sein. Wenn schließlich Theater oft in der Bibel verwendet wird und ein integraler Bestandteil biblischer Verkündigung ist, dann sollten wir das wissen und daraus lernen. Heute gibt es so wenig geistliche Frucht, dass wir es uns nicht erlauben können, eine Methode zu ignorieren, die Gott uns zur effektiven Verkündigung gegeben hat.

Das zweite Problem besteht darin, dass die Definition von Theater zu oft bis zur Sinnentleerung verallgemeinert wird. Sie kann derart verstümmelt werden, dass man sich fragt, was demnach eigentlich kein Theater ist. Deshalb haben wir im ersten Kapitel eine klare Definition formuliert. Martha Keys Barker spricht von »Theatertechniken, die den Dienst der alttestamentlichen Propheten charakterisierten«.[100] Sogar ein Studienausschuss des Britischen Evangelikalen Konzils schreibt von den »biblischen Illustrationen, bei denen Gott selbst sich dramaturgischer Aktionen bedient«.[101] Ein Artikel einer christlichen Studentengruppe definiert Theater als »eine Aktion, die eine bestimmte Wahrheit symbolisiert oder auch ein Ereignis, das verwendet wird, um etwas zu verdeutlichen«. Diese dehnbare Definition erhebt natürlich auch das Abendmahl zu einem Theaterstück und sogar die unbewussten Gesten des Predigers treffen darauf zu. Eine noch schwammigere Definition wurde von einem Redner aufgestellt, der über dieses Thema referierte: Demnach ist Theater eine »fantasievolle Kommunikation signifikanter Erfahrung«[102]. Eine so breite Definition lässt sich natürlich auf fast alles anwenden. Genau dazu dient sie auch. Derselbe Redner nahm sich anschließend heraus, Christus als Beispiel anzuführen: »Sein ganzes Leben war ein aufgeführtes Theaterstück, denn es war im Voraus geschrieben.«

Mit diesen Beispielen sollen keineswegs die Motive derer kritisiert werden, die sich mit diesem schwierigen Thema befassen, sondern daran soll einfach deutlich werden, wie wichtig es ist, zuerst klare Definitionen aufzustellen, bevor wir weit hergeholte Schlussfolgerungen ziehen. Wenn wir Theater derart allumfassend definieren wie in den obigen Beispielen, kommen wir nicht weiter. Dann ist alles Theater. Viele wollen die alttestamentlichen Opferzeremonien zu Beispielen für Theater erklären. Doch das sind sie nicht. Hardin Craig behauptet entschieden, dass die feierlichen und eindrucksvollen Zeremonien der mittelalterlichen Gottesdienste kein Theater sind: »Diese Dinge sind kein Theater, solange sie nicht die Form von Theater haben.«[103] Dasselbe gilt für die alttestamentlichen Zeremonien. Nach jener schrecklichen ersten Passahnacht in Ägypten war den Israeliten geboten: »Darum sollt ihr dieses Wort ewig halten als Ordnung für dich und deine Kinder« (2Mo 12,24). Die jährliche Passahfeier war ein Vorschatten des Kreuzes und des Abendmahls. Sie war einfach eine Vergegenwärtigung der ersten Passahnacht. Obwohl die Feier wenn überhaupt nur wenig Elemente eines Theaterspiels enthielt, kommt sie von allen alttestamentlichen Zeremonien einem Theaterstück noch am nächsten. Das Passah und das Abendmahl und die Taufe erlauben uns zumindest, Symbolismus im Gottesdienst zu verwenden, aber damit haben wir noch lange kein echtes Theater in der Bibel gefunden.

Aufgrund desselben Fehlens einer klaren Definition nimmt sich Anne Long die Freiheit, die Wunder Jesu als »machtvolle und dramaturgische Inszenierungen des Reiches«[104] zu bezeichnen. Wenn das lediglich eine lebhafte Beschreibung der Wunder ist, haben wir nichts dagegen einzuwenden; jedoch verwendet Anne Long diese Aussage zu dem Zweck, Theater biblisch zu rechtfertigen.

In Kapitel 1 hatten wir diese Definition für Theater aufgestellt: »Ein Stück in Versform, Prosa oder Mimik, das eine Geschichte erzählt und ein Thema entfaltet. Ein Theaterstück wird von Schauspielern vorgeführt, die andere – echte oder fiktive – Personen repräsentieren.« Das ist das, was allgemein unter Theaterstück oder -spiel verstanden wird. Das ist das, was die Juden unter Theater verstanden und strikt ablehnten.[105] Die ersten jüdischen Schauspiele gab es im 2. Jahrhundert v. Chr., als Hesekiel von Alexandria den Auszug aus Ägypten dramaturgisch darstellte. Erst im 17. Jahrhundert unserer Zeitrechnung begannen die Juden die Bühne zu kopieren. Es ist weit gefehlt, wenn man die biblischen Wunder und Gleichnisse der Propheten oder sogar Jesu als Beispiele für Theater heranzieht. Wunder sind keine Schauspiele, sondern reales Leben. Nur wenn Schauspieler ein Wunder nachspielen, kann man das annäherungsweise als Theater bezeichnen, doch für so etwas gibt es in der Bibel kein Beispiel. Als Nathan dem König David das Gleichnis vom Reichen, Armen und dem Lamm vorlegte und David daraufhin seinen Ehebruch verurteilte (2Sam 12), war das kein Theater. Ebenso wenig waren die Gleichnisse unseres Herrn Theater. Wenn man rhetorische Mittel wie Gleichnisse mit Theater verwechselt, raubt man der Sprache ihren Sinn. Seit fast zweitausend Jahren diskutieren Christen darüber, ob es richtig ist, Theater einzusetzen und nie argumentierten sie dabei mit Wundern und Gleichnissen. Erst heute beginnt man, feststehende Begriffe durcheinander zu werfen. Ebenso wenig sind Visionen und Träume biblischer Personen (Jakob, Petrus etc.) Theater. Wenn jemand Folgendes als logische Schlussfolgerung aufstellt und behauptet: »Die Bibel enthält Wunder, und Wunder sind Theater, also enthält die Bibel Theater«, versucht er aus zu wenig Anhaltspunkten zu viel zu beweisen.

Es ist auch nicht richtig, wie David Watson zu behaupten, Jesus habe »ein Schwergewicht auf das Visuelle gelegt«. Gewiss zog der Herr eine Münze und ein Kind als Anschauungsobjekte heran, doch ist das »ein Schwergewicht legen«? Und wenn wir uns auf seine Tempelreinigung berufen als Indiz dafür, dass er auf visuelle Effekte baute, suchen wir offenbar händeringend nach Beweisen. Gewiss verwendete der Herr lebhafte Sprache und viele Gleichnisse, doch niemals setzte er ein einziges Schauspiel ein.[106] Er selbst war die Wahrheit und sein Leben war durch und durch real, echt und von dringlicher Wahrhaftigkeit. Die Behauptung, »sein ganzes Leben war ein aufgeführtes Theaterstück«, stellt die Dinge völlig auf den Kopf.

Das »theatralische« Element in der Predigt des Herrn (z.B. seine unerwarteten Pointen) wird oft als Berechtigung für »christliches Theater« herangezogen. In Wirklichkeit beweist das jedoch das Gegenteil: Daraus lernen wir nämlich, dass wahrhaftige Verkündigung – lebensnah und prägnant – die beste Art von Kommunikation ist. Die Wunder werden von vielen als »theatralische Inszenierungen des Reiches Gottes« angesehen, doch sind sie nichts dergleichen – sie *sind* das Reich Gottes. Zu Beginn seines Wirkens sagte Jesus: »Das Reich der Himmel ist nahe gekommen« (Mt 4,17). Ebenso waren die Wunder keine Repräsentationen oder theatralischen Bilder von Christi Herrlichkeit, sie *waren* seine Herrlichkeit (Johannes 2,11). Nichts im gesamten Leben und Lehren Jesu war Schauspielerei; alles war Realität. Wenn er Kranke heilte und Tote auferweckte, war das das Reich Gottes in Aktion. Anderes zu behaupten, würde besagen, dass jedes freundliche Wort und jede liebevolle Tat eines Christen in Wirklichkeit nur Schauspielerei sei. Doch ganz im Gegenteil, wenn ein Christ es seinem Herrn gleichtut, *ist* das das gelebte Reich Gottes auf Erden. Lasst uns ehrlich mit der Schrift umgehen: Theaterspiele kommen im Neuen Testament nicht vor. Das ist aber kein Grund zur Panik. Diese Tatsache bedeutet noch nicht unbedingt, dass Theater falsch ist, sondern lediglich, dass wir nicht meinen dürfen, wir hätten neutestamentliche Autorität für Theaterspiele. In diesem Kapitel suchen wir nach Fakten. Schlussfolgerungen ziehen wir, nachdem wir Fakten gefunden haben, und nicht vorher.

Bedeutet das nun, dass nichts in der Bibel für Theater spricht? Gibt es keine Hinweise auf eine Präsentation des Wortes Gottes in Form eines Theaterstücks? Dazu verweist man oft auf die alttestamentlichen Propheten, und tatsächlich finden wir bei ihnen – und nur bei ihnen – etwas Unterstützung für das Verwenden von Theater für die Verkündigung der Botschaft Gottes. Wir werden uns nun drei der großen Propheten anschauen: Jesaja, Jeremia und Hesekiel. Da man uns zusichert, dass »Theatertechniken den Dienst der alttestamentlichen Propheten charakterisierten«[107], können wir bei unserer Suche zu Recht hoffen, fündig zu werden.

Jesaja, Jeremia und Hesekiel

Jesaja war womöglich der fruchtbarste aller Propheten, gemessen an der Menge seiner in der Bibel überlieferten Verkündigung. Mindestens 1225 Verse der Bibel enthalten von ihm verkündigte Botschaft.[108] Jesajas Predigt war vollmächtig und lebhaft. Er verwendet sehr viel bildhafte Rede; bei ihm finden sich Metaphern, Gleichnisse und Allegorien. Man kann das Buch Jesaja an jeder beliebigen Stelle aufschlagen und diese Dinge finden. Dabei handelt es sich natürlich nicht um Theater, sondern einfach um lebhafte, bildhafte Sprache, von der Jesaja mehr Gebrauch macht als der durchschnittliche Prediger von heute. Jesaja war ein Prediger. Er stand da und verkündete die Botschaft, die Gott ihm gegeben hatte, und seine Stimme war seine einzige Methode. Er hatte keine unterstützende Schauspielertruppe. Nur einmal wurde Jesaja geboten, etwas anderes zu tun als zu predigen. In Jesaja 8,1-4 schrieb der Prophet einen symbolischen Namen auf eine große Steintafel und benannte dann seinen neugeborenen Sohn mit diesem Namen. Wir erfahren nicht, ob sonst noch jemand diese Tafel zu Gesicht bekam, aber wir wollen einmal annehmen, der Prophet platzierte sie an einer Kreuzung der Hauptstraße wie ein Requisit eines »Straßentheaters«. Das ist eine weit hergeholte Annahme, die dem Wort »Theater« nicht gerade zugute kommt, doch wenn sie stimmt, dann umfasst Jesajas Theaterspiel zwei Verse in den 66 Kapitel seines Buches. Das Verhältnis zwischen Theater und Predigt beträgt damit 1 zu 612.

Jeremia war vergleichsweise aktiver und unternahm mehrmals illustrative Handlungen: Er trug und vergrub einen leinenen Hüftschurz (13,1-7), kaufte und zerbrach einen Tonkrug (19,1-2.10-11), trug womöglich ein Joch (28,10), kaufte ein Feld (32,7-14) und verbarg Steine im Palast des Pharao (43,9). Das macht zusammen 21 Verse. Alles waren einfache symbolische Handlungen, auf die unsere Definition von Theater eigentlich nicht zutrifft. Das Zertrümmern des Töpfergefäßes entspricht eher der Illustration eines Predigers, der kräftig mit seiner Faust auf das Pult haut, um den Zorn Gottes zu verdeutlichen. Es sind nur fünf kurze symbolische Handlungen in 21 Versen! Das ganze Buch Jeremia umfasst über eintausend Verse Predigt. Die Relation beträgt also in Versen gezählt 1 zu 50. Und auch hier liegt kein Theater im eigentlichen Sinne eines Schauspiels vor.

Hesekiel eignet sich besser zur Verteidigung des Theaters, dessen Befürworter vor allem bei diesem Propheten Unterstützung suchen. Die Handlungen des Propheten waren von Gott verordnet und er sollte sie vor dem Volk ausführen. Sie sind in knapp 40 Versen enthalten. Der längste Abschnitt ist 4,1-17 und 5,1-4, wo Hesekiel Details darüber empfängt, wie er die Belagerung Jerusalems beschreiben soll. Der Prophet wurde von keiner Schauspielertruppe unterstützt, sondern spielte selber die Rolle eines Menschen unter Belagerung, einschließlich einer lebhaften Darstellung der

Leiden einer Hungersnot. Diese Episode wird mitunter mit Straßentheater verglichen, was gar nicht so abwegig ist.

Einige Zeit später (12,1-7) wurde Hesekiel von Gott beauftragt, die Rolle eines ins Exil Vertriebenen zu spielen. Weitere symbolische Handlungen finden sich in 21,14-20; 24,17 und 37,15-17, die jedoch denen von Jeremia gleichen. Zweifellos waren sie in ihrer Zeit schillernde Darstellungen und im weiteren und bildhaften Sinn des Wortes »theatralische« Ereignisse. Interessanterweise erklärte der Prophet stets unverzüglich die Bedeutung und Anwendung seiner Handlungen in einer Predigt. In 12,11 soll er ausdrücklich erklären: »Ich bin ein Wahrzeichen für euch. Wie ich getan habe, so soll ihnen getan werden: in die Verbannung, in die Gefangenschaft werden sie gehen.« Das Verhältnis von »Schauspiel« zu Predigt beträgt bei Hesekiel 1 zu 20.

Im Durchschnitt beträgt das Verhältnis zwischen symbolischer Handlung und direkter Verkündigung bei diesen drei großen Propheten 1 zu 45. Anders ausgedrückt, wendeten sie einen Bruchteil von gut 2 Prozent der Zeit ihres öffentlichen Wirkens für symbolische Handlungen auf. Diese Zahl ist jedoch ein ziemlich verzerrter Wert, da die meisten dieser symbolischen Handlungen kaum mehr waren als »theatralische« Gesten während einer Predigt. Nur bei Hesekiel, und bei ihm zwei Mal, finden wir etwas, was tatsächlichem Schauspiel nahe kommt. Doch auch bei ihm sollten wir vier wichtige Punkte beachten:

- Erstens handelte es sich stets um direkte Prophezeiungen von Gott, mit denen er bevorstehende Ereignisse oder Situationen ankündigte.
- Zweitens repräsentierte Hesekiel nie andere Personen; nie mimte er jemand anderen. Sogar Hesekiels anschauliche Darstellung von Belagerung und Exil war nur ein Bild dessen, was er selbst bereits durchlebt hatte. Die Ausleger sind sich im Allgemeinen einig, dass Hesekiel nach den Ereignissen von 2. Könige 24,10-17 ins Exils verbannt wurde. Mit dieser Aussage will ich nichts beweisen (ich glaube nicht, dass es prinzipiell falsch ist, »andere – reale oder fiktive – Personen zu repräsentieren«), sondern ich möchte einfach die Fakten aufzeigen. Wir dürfen aus der Bibel nicht mehr herauslesen, als sie hergibt.

- Drittens ist es aufschlussreich, dass Hesekiel durch seine Veranschaulichungen tatsächlich keinen Bekehrten gewann! Er wurde gehasst und verschmäht (z. B. 3,25).
- Viertens waren die Botschaften, die von den Propheten visuell anschaulich dargestellt wurden, fast alles Botschaften des Gerichts und nicht der Errettung.[109] Wenn man die Entwicklung des Volkes unter den drei aufeinanderfolgenden Propheten Jesaja, Jeremia und Hesekiel untersucht, stellt man fest, dass das Volk immer gerichtsreifer wurde. Bei Jesaja ist – neben der Gerichtsankündigung – Gottes Heil noch ein Schwerpunkt. Bei Jeremia und Hesekiel steht jedoch das Gericht in Form der babylonischen Invasion und Gefangenschaft im Vordergrund und wird durch ihre zeichenhaften Darstellungen verdeutlicht.

Doch kann man Hesekiel (in geringem Maße) und Jeremia (in noch geringerem Maße) zu Recht als Beispiele für »Straßentheater« heranziehen, das durch begleitende Predigt erklärt wird. Die übrigen Propheten unterstützten ihre Verkündigung offenbar nicht durch symbolische Handlungen (außer Hosea in Hos 1,2ff.). Sie gebrauchten sicherlich symbolische Rede, doch waren sie in erster Linie Prediger. Die Visionen Sacharjas beispielsweise waren nichts anderes als Visionen; der Prophet führte sie nicht auf, sondern verkündete sie dem Volk. Gleiches gilt für die früheren Propheten: Mose übte einige wenige symbolische Handlungen aus wie z. B. mit seinem Stab, der sich in eine Schlange verwandelte, doch Samuel, Elia und Elisa boten nichts anderes als Predigt und gelegentlich Wunder.

Angesichts dieser Faktenlage ist es erstaunlich, dass Hesekiel als »ein Meister des Straßentheaters« und Theater als »integraler Bestandteil« des Prophetendienstes bezeichnet wird. Ebenso überrascht, dass Hesekiels Veranschaulichung der Belagerung als »Theater in Hochkultur« beschrieben wird. Anne Long gesteht ein: »Wir können nicht Kapitel und Vers angeben, wo im Alten Testament Theaterstücke aufgeschrieben sind.« Dennoch hofft sie: »Wir können trotzdem für viele biblische Ereignisse zurecht das Wort ›Theater‹ verwenden. Der Gottesdienst in der Stiftshütte umfasste viel Symbolismus, der eine vollmächtige Aufführung war.«[110] Sicher können wir das Wort »Theater« verwenden, vorausgesetzt wir sind uns im klaren, dass das Wort »Theater« in diesem Fall nicht buchstäblich, sondern bildhaft gemeint ist und deshalb nichts über echtes Theater in der Bibel besagt. Wenn Anne Long jedoch buchstäbliches Theater meint, weist sie damit nach, dass das Abendmahl ebenfalls Theater ist und wir somit ein anderes Wort für das brauchen, was auf der Bühne von Schauspielern ausgeübt wird. Wenn man ein und dasselbe Wort sowohl für den Stiftshüttendienst und das Abendmahl als auch für die Mysterienspiele und Shakespeare verwendet, dann hat man das Wort »Theater« zu einer bedeutungslosen Buchstabenfolge degradiert.

Theater in den Psalmen?

In seinem Buch »Die Psalmen werden lebendig«[111] widmet John H. Eaton ein ganzes Kapitel dem Thema »Theater und die Psalmen«. Diese Buch behandelt die erstklassige Poesie der Psalmen und behauptet, viele Psalmen hätten die Form von Dramen. John Eaton schreibt vom »Drama der Offenbarung«, wobei der Charakter Gottes durch den Vorsänger offenbart wird, der auf dramaturgische Weise Gottes Stimme darstellt (z. B. Psalm 81,9). Bei Psalm 96 folgert Eaton, das großartige Thema »Gott, der König« werde vermittelt »nicht als Lehre oder Predigt oder vorgetragene Dichtung, sondern als Theater, in das alle Anbeter miteinbezogen werden. Für sie war das eine entscheidende und kreative Erfahrung.« Wir sind Eaton dankbar, wie er das Leben und die Dynamik der Psalmen beschreibt, doch auch er begibt sich in die Gefahr, zu viel durch zu wenig zu beweisen und verworren mit den Begriffen umzugehen. Die Dichtung vieler Psalmen ist tatsächlich sehr lebhaft, doch ist es immer noch Dichtung, und Dichtung an sich ist noch nicht Theater. Woher sollen wir wissen, dass die Psalmen nicht »Lehre oder Predigt« sind? Wahre Anbetung und eine gute Predigt können ebenfalls eine »entscheidende und kreative Erfahrung« sein, und viele unserer wertvollen Lieder sind genauso Dichtung wie die Psalmen, aber keineswegs Theater.

Leider definiert Eaton sein Wort »Theater« nicht. Wenn er fortfährt und das »Drama des Repräsentanten« erörtert, befinden wir uns um so mehr im Bereich der Vermutung. Eaton hält viele Psalmen für Zeremonien oder Riten, an denen der König bei seiner Thronbesteigung und deren jährlicher Erneuerung teilnahm. Die Psalmen 2 und 110 seien Beispiele für solche »machtvollen symbolischen Ereignisse. Zusammen arrangiert bilden sie einfach eine dramatische Handlung. In ihrem ursprünglichen Gebrauch waren sie daher sicherlich verbunden mit Riten, die auf dramaturgische Weise das Amt des Königs als wichtigsten Diener des himmlischen Königs darstellten.« Psalm 2,9-10 könne »eine Zeremonie des symbolischen Zerschmetterns von Krügen widerspiegeln«. Eaton gibt ehrlicherweise zu, dass solche Vergleiche mit heidnischen babylonischen Zeremonien »natürlich nichts beweisen, was Israel betrifft«. Dieses Eingeständnis relativiert beträchtlich seine Folgerung, dass »die Inthronisation des davidischen Königs und die jährliche Erneuerung des Amtes in dramaturgischen Zeremonien abgehalten wurden«. Einen solchen Eindruck bekommt man nur, wenn man Eatons fiktive Konstruktion glaubt, doch selbst wenn er Recht haben sollte, wäre nichts davon echtes Theater. Eine Zeremonie muss etwas anderes sein als Theater, andernfalls wäre der Festzug des Oberbürgermeisters von London[112] eine Theateraufführung!

Theater in den neutestamentlichen Briefen

In den Briefen des Neuen Testaments finden wir nichts über Theater, keinen einzigen Vers, keine Zeile, keine Warnung oder Befürwortung. Die einzige »dramaturgische Handlung« in Apostelgeschichte 21,11 durch Agabus ist wohl kaum nach irgendeiner Definition echtes Theater. Der Prediger, der an einem schwülen Sommerabend auf dem Rednerpult das Wasserglas hochhält und seiner Predigt über geistlichen Durst damit Ausdruck verleiht, wird für seine spontane dramaturgische Geste keinen Oscar erwarten können.

Die Apostel wussten, dass das Theater im ganzen Römischen Reich verbreitet war, doch zogen sie Theater für ihre Gottesdienste und Evangelisationen nicht einmal in Erwägung. Darauf werden wir in Kapitel 7 zurückkommen, doch an dieser Stelle soll der Hinweis genügen, dass die neutestamentlichen Briefe zwar voller Anweisungen für das Gemeindeleben sind, aber absolut nichts über Theater sagen. Das beweist in der Tat wenig! Aus diesem Schweigen können wir kein endgültiges Gebot *gegen* die Verwendung von Theater aufstellen und erst Recht kein Gebot *zur* Verwendung von Theater. Angesichts dessen, was wir in Kapitel 2 über das Theater im 1. Jahrhundert gesehen haben, können wir vernünftige Rückschlüsse ziehen, was Paulus wohl zum Theater gesagt haben mag. Es geht an der eigentlichen Frage vorbei, wenn man sich hinter dem »auf alle Weise« aus 1. Korinther 9,22 verbirgt. Das Wort »alle« beschränkt sich hier sicherlich auf das, was richtig ist und dem heiligen Evangelium entspricht. Es gab vieles, was Paulus niemals getan hätte. Unsere Aufgabe ist zu prüfen, ob Theater berechtigterweise zu diesem »auf alle Weise« gehört oder nicht. Bedeutet das Schweigen des Neuen Testaments Freiheit oder Verbot?

Manche meinen, das Schweigen des NTs stelle uns nicht vor die Verantwortung zu beweisen, dass Theater erlaubt sei, sondern vielmehr müssten wir beweisen, dass es *nicht* erlaubt sei. Diese Behauptung ist weder fair noch weise. Erstens ist es wegen des verderbten Zustands des Theaters im Römischen Reich und wegen des langwährenden Widerstands der Christen gegen das Theater erforderlich, dass man gute Argumente *für* den Einsatz von Theater vorbringen muss. Zweitens ist es nie vernünftig, wenn Christen einfach *annehmen*, etwas sei erlaubt und richtig, solange die Bibel es nicht ausdrücklich verbiete. Bevor wir uns auf etwas einlassen, ist es weise, ein wenig über das betreffende Thema nachzudenken und es nachzuprüfen.

Um dieses Kapitel zusammenzufassen, müssen wir noch einmal darauf hinweisen, wie wichtig sorgfältige Definitionen sind. Wenn wir weiterhin die Begriffe »Theater« und »Drama« verwenden ohne zu unterscheiden, ob wir sie bildhaft oder buchstäblich gebrauchen, dann muss ich gestehen, dass wir alles anhand von allem beweisen können. Dann ist die dramatische Verfolgungsjagd der Polizei genauso Theater wie eine Shakespeare-Inszenierung; dann gehört Elias theatralische Herausforderung der Baalspropheten auf dem Karmel zur selben Kategorie wie der »christliche Clown« in der Fußgängerzone; dann sind die Wunder Jesu dasselbe wie die Dramen von Schiller. Das alles könnte mit ein und demselben Wort bezeichnet werden. Niemand bezweifelt, dass Gott »theatralische« Ereignisse verwendet hat, aber wo sind das Theater und die Bühne in der Bibel? Im eigentlichen Sinn des Wortes kommt Theater in der Bibel nicht vor, mit der Ausnahme von zwei kurzen Exkursionen in Straßentheater von Hesekiel (zweimal) und Jeremia (einmal). Keine dieser Aussagen soll als Argument dienen, dass Theater niemals in Gottesdienst oder Evangelisation eingesetzt werden sollte. In diesem Kapitel ging es vornehmlich um Fakten, und Fakt ist, dass wir in der Bibel keine Argumente für »christliches Theater« finden.

Kapitel 6

Was lernen wir aus den Fakten?

Bisher haben wir uns historische und biblische Fakten angeschaut und in beiden Fällen habe ich versucht, diese Fakten nicht mehr als unbedingt nötig zu interpretieren. Leider wurde die Debatte über Tanz und Theater oft auf der schwammigen Grundlage vager Verallgemeinerungen dessen geführt, was die ersten Christen, Reformatoren, Puritaner und die eigenen Großeltern darüber dachten. Deshalb war es zuerst wichtig, die Fakten aufzuzeigen. Über die historischen Tatsachen habe ich nur einen Überblick geben können, habe dabei jedoch versucht fair zu sein und nichts verzerrt darzustellen. Manchmal war ich von meinen eigenen Schlussfolgerungen überrascht. Außerdem wollte ich alles entdecken und aufzeigen, was die Bibel klar über diese Themen lehrt. Ich habe keine Axt zu wetzen, weil ich keine Köpfe zu kürzen habe. Jetzt jedoch ist der Zeitpunkt gekommen, um die gesammelten Ergebnisse zu interpretieren und anzuwenden.

Zusammenfassung der bisherigen Ergebnisse

Es ist sicher hilfreich, unsere historischen und biblischen Befunde zusammenzufassen, um den Überblick zu behalten. Wer jedoch der Versuchung widersteht, die Lektüre dieses Buches erst bei diesem Kapitel zu beginnen und es sorgfältig von Anfang an liest, wird aus dem Material seine eigenen Schlussfolgerungen ziehen können, anstatt einfach meine zu übernehmen. Wir sollten uns auch noch einmal die klaren Definitionen vergegenwärtigen, die wir in Kapitel 1 formuliert haben:

> Tanz: Die Kunst, den Körper auf rhythmische Weise zu bewegen, um ein Gefühl oder einen Gedanken auszudrücken, eine Geschichte zu erzählen oder einfach um Freude an der Bewegung als solche zu haben.
>
> Theater: Ein Stück in Versform, Prosa oder Mimik, das eine

Geschichte erzählt und ein Thema entfaltet. Ein Theaterstück wird von Schauspielern vorgeführt, die andere – echte oder fiktive – Personen repräsentieren.

Tanz war als Element christlicher Anbetung nie weitverbreitet. Obwohl es einige wenige Hinweise gibt, dass es in einigen frühen und mittelalterlichen Kirchen Gesellschaftstanz gab, war der *Darbietungstanz* (siehe Kap. 1, S. 12) in der Christenheit bis vor wenigen Jahrzehnten praktisch unbekannt. Wir finden auch keinen klaren Hinweis darauf, dass Tanz zum alttestamentlichen Gottesdienst gehörte. Wenn bei der Anbetung getanzt wurde, dann nur als persönliche und spontane Reaktion, die eine ausgelassene Freude an Gott ausdrückte. Der heutige Darbietungstanz war dem alttestamentlichen Anbeter völlig unbekannt, soweit wir dies aus der Bibel schließen können. Deshalb können wir nie ehrlich behaupten, Tanz sei ein *essentieller* oder weitverbreiteter Bestandteil der Anbetung gewesen. Wie wir gesehen haben, unterstützen die Indizien einfach nicht die Schlussfolgerung von Graham Kendrick, der schreibt: »Weder im Alten Testament noch in der Kirchengeschichte fehlt es an Beweisen, die die Ansicht unterstützen, dass Tanzen als Ausdruck echter Anbetung eine wertvolle Betätigung von Christen ist.«[113] Und auch Sam Keens Forderung ist haltlos: »Religion *muss* zum Tanz zurückkehren.«[114] Tanz wird im Neuen Testament einfach nicht im Zusammenhang mit Anbetung erwähnt. Die Reformatoren und Puritaner sind nie auf die Idee gekommen, dass man zur Anbetung tanzen könne, wenngleich viele von ihnen nichts gegen Gesellschaftstanz hatten, sofern er sittsam und maßvoll war. Die Evangelikalen des 18. und 19. Jahrhunderts waren strikt gegen Tanzen in jeder Form. Auch in anderen christlichen Kreisen wurde Tanz nie in der Anbetung eingesetzt, abgesehen von einigen wenigen Extremisten wie den Shakern.

Das Theater hat eine ähnliche, aber nicht identische Geschichte. Mit der möglichen Ausnahme von Jeremias und Hesekiels »Straßentheater« belaufen sich die biblischen Anhaltspunkte für Theater in Gottesdienst und Verkündigung auf Null. Die frühen Kirchenführer lehnten Theater in jeglicher Form samt und sonders ab. Die mittelalterliche Kirche machte sich Theaterspiele in Form von Mysterien- und Sittenspielen nutzbar, und die Reformatoren hatten zwar wenig Zeit für andere Dinge als Theologie und Überlebenskampf, doch sie akzeptierten Theater mit aller Vorsicht. Die Puritaner waren geteilter Meinung. Im Allgemeinen lehnten sie die weltliche Bühne ab und hatten wenig Interesse an religiösen Schauspielen. Zur Zeit der Restauration wurden die Grenzen deutlicher gezogen und die späteren Puritaner waren entschieden gegen die Bühne innerhalb wie außerhalb der Kirche. Diese Haltung bestand unter den Evangelikalen das ganze 18. und 19. Jahrhundert über fort und überwog auch noch im 20. Jahrhundert, was sich erst seit etwa den letzten zwei Jahrzehnten des 20. Jahrhunderts änderte. Die Gründe für die verschiedenen Einstellungen haben wir in Kapitel 2 und 3 genannt. Soweit die Tatsachen.

Es gibt ein oder zwei stillschweigende Annahmen, die vorab geklärt werden müssen. Die Auffassung, Tanz und Theater seien essentielle Bestandteile von Anbetung und Evangelisation ist aus zwei Gründen offensichtlich falsch. Erstens: Wenn sie essentiell wären, würden wir erwarten, dass die Bibel klare Richtlinien für ihren Gebrauch nennt oder zumindest vorschreibt, sie zu gebrauchen und ein oder zwei Beispiele für ihren Einsatz in christlichen Gemeinden anführt. Eine übertriebene Wichtigkeit dieser Künste zu behaupten, ist ein Schlag ins Gesicht der Bibel. Wenn etwas nicht im Wort Gottes vorkommt, ist es auch nicht *essentiell.*

Zweitens beweist die Kirchengeschichte über jeden Zweifel erhaben, dass die Gemeinde lebendig und evangelistisch fruchtbar sein kann ohne Tanz und Theater. Die Tatsachen sprechen sogar für eine noch weitgehendere Behauptung: Theater wurde nur dann in breitem Umfang im christlichen Gottesdienst eingesetzt, als die Namenschristenheit auf den geistlich tiefsten Stand herabgesunken war. In etwas triumphalem Ton wird behauptet, dass »die Wurzeln der englischen Theatertradition in der Liturgie der Kirche liegen«.[115] Das mag stimmen, doch geschah dies zu einer Zeit, als sich die Kirche in einem katastrophalen Zustand befand. Was die Kirche zwischen dem 10. und 15. Jahrhundert dringend brauchte, waren nicht Spiele, sondern Reformation. Die Wurzeln des modernen christlichen Theaters auf eine Zeit zurückzuführen, als die Kirche siech war vom Papst hinab zum Volk, ist wohl kaum eine Empfehlung. Andererseits gilt: Wann immer die Gemeinde geistlich gesund und fruchtbar war, waren Tanz und Theater entweder nebensächlich oder wurden gänzlich abgelehnt. Man kann fast behaupten, dass das Theaterspiel die Leichenstarre der mittelalterlichen Kirche war.

Demzufolge sollte man nie behaupten bzw. nie die Einstellung annehmen, dass das Vorhandensein von Tanz oder Theater in einer Gemeinde ein Anzeichen für geistliches Leben oder evangelistischen Eifer sei. Die Geschichte und die Bibel beweisen, dass genau das Gegenteil der Fall sein könnte. Nur allzu leicht verfällt man der Schlussfolgerung: »Wenn die Gemeinde es in unserer gegenwärtigen Zeit nicht schafft, sich auf Theater einzulassen, dann hat sie in ihrer Mission versagt.«[116] Darüber braucht man nicht streiten, wenn »sich auf Theater einlassen« bedeutet, sorgfältig die Fakten zu prüfen und sich dafür oder dagegen zu entscheiden. Aber wenn diese Formulierung, wie ich befürchte, so gemeint ist, dass man Theater unbedingt übernehmen muss, dann haben wir es hier mit einer gefährlichen Drohung zu tun. Warum »versagt« eine Gemeinde »in ihrer Mission«, wenn sie Theater als Element des Gottesdienstes oder der Evangelisation ablehnt? Versagte die Urgemeinde etwa »in ihrer Mission«? Oder die Reformatoren, Puritaner oder Evangelikalen der Erweckungszeiten früherer Jahrhunderte, als das Theater so populär war? Was ist an »unserer gegenwärtigen Zeit« so anders, dass Theater so unverzichtbar sein soll für das Leben und Werk der Gemeinde? Diese Annahmen mit großer Tragweite müssen in Frage gestellt werden. Warum sind viele Gemeinden zurückhaltend damit, Tanz und Theater zu praktizieren? Nicht unbedingt, weil es wegen ihrer Tradition tabu ist. Die Gründe, weshalb während der ganzen Kirchengeschichte Christen diese Künste ablehnten, sind auch heute noch gültig, und noch weitere Gründe kommen hinzu.

1. Tanz und Theater spiegeln die schlechtesten Moralmaßstäbe der Gesellschaft wider

Viele werden diese Behauptung abstreiten, weil sie unbewusst in die moderne Fernsehfalle geraten sind. Auch Christen stehen wie alle anderen in der Gefahr, 24 Stunden pro Woche vor dem Fernseher zu verbringen. Vor einigen Jahrzehnten mussten

Christen noch bewusst einen inneren Widerstand überwinden, um sich ein Theaterspiel anzusehen. Heute wird uns das alles ins Wohnzimmer gepumpt und wir schauen uns die Dinge an, die Christen jahrhundertelang entschieden verurteilt haben. Cyprian hatte Recht, als er schrieb: »Die Schrift hat anzublicken verboten, was zu tun verboten ist.«[117] Das Theater im alten Griechenland und Rom wurde immer anzüglicher, und schmutzige und gewaltsame Szenen wurden üblich. Die Urgemeinde widersetzte sich dem Theater und die Apostel lehnten die Verbindung mit einem derart verdorbenen Medium offensichtlich ab. Natürlich müssen nicht alle Schauspiele derart böse sein. Auch wenn das für die meisten zutrifft, ist das kein Argument gegen Theater an sich. Doch ein Medium, das so auf breiter Front missbraucht wird, muss besonders kritisch betrachtet werden, bevor man es gebraucht, um die großartigste Botschaft der Welt zu vermitteln. Die Juden und Christen des 1. Jahrhunderts lehnten die Flöte ab, weil man damit im Römischen Reich Erotik in Verbindung brachte. Heute ist sie ein anstandsloses Musikinstrument, weil sie für uns nichts mit Erotik zu tun hat. Für die ersten Christen war die Flöte erlaubt, aber nicht empfehlenswert. Das Medium muss stets zur Botschaft passen. Wenn ein diplomatischer Botschafter einem Staatsoberhaupt in einem fremden Land eine Botschaft überbringt, tut er das mit würdigem Ernst. Verwendete er dazu einen slapstickartigen Sketch, würde das seine Vertrauenswürdigkeit schmälern, seinen Auftraggeber verunehren und die Glaubwürdigkeit seiner künftigen Nachfolger gefährden.

Es mag gute Theaterstücke und Tänze geben, doch so viele sind schlecht, und wenn wir den Rat Cyprians beherzigen, sind die meisten im Fernsehen gezeigten Stücke kaum für Christen geeignet. Dass eine Botschaft ein entsprechendes Medium benötigt, ist ein ernstzunehmendes Argument. Manche Christen meinen, das moderne Theater sei alles andere als ein passendes Medium für das heilige Evangelium; andere sind vom Gegenteil überzeugt und sagen, die guten Seiten des Theaters könnten für Gott eingesetzt werden. Jeder sei in seinem Sinn überzeugt, aber niemand sollte sich geringschätzig über vorsichtige Christen hinwegsetzen, für die Theater nicht in Frage kommt. Sie haben eine lange Geschichte gottesfürchtiger Männer und Frauen auf ihrer Seite!

2. Tanz und Theater laufen stets Gefahr, etwas Ernsthaftes lächerlich zu machen

Das muss nicht sein, ist aber oft der Fall. Theodore Bézas *Abraham Sacrifiant* von 1550 (siehe S. 42) ist ein exzellentes Beispiel für ein geradliniges und ernsthaftes Schauspiel, das die biblische Geschichte getreu wiedergibt. Heute scheint es leider unverzichtbar zu sein, auch bei den ernsthaftesten Themen stets Slapsticks und Gags einzubauen. Zwei Beispiele sollen genügen, um diesen Trend aufzuzeigen.

Ein Buch mit kurzen Anspielen enthält auch eine Anzahl von Sketchen, die biblische Szenen humoristisch entstellt nachspielen. Ein Anspiel führt die Verleugnung des Petrus auf. Petrus wird dabei von Norman, einem einfältigen spießigen Typen, und dem Teenygirl Jane befragt.[118] Der Sketch ist heiter-unbeschwert und mit ein paar banalen Wortspielen über Petrus' Fischerberuf gespickt: »Du wirst in dieser Gegend nicht viele Fische fangen, Freundchen. Hier werden nur Hechte[119] gefangen wie dieser Jesus-Typ. Armer Kerl.« »Äh, wann ist ein Fisch denn kein Fisch?« »Wenn es eine Scholle ist.« »Was sagte Neptun als das Meer austrocknete?« »Au weiha! Kapierste? Weiher ...« Natürlich sollen die Gags blöd und verrückt sein und sind nicht ernst gemeint, aber sie trivialisieren eine ernste Begebenheit, die in der Bibel todernst beschrieben wird. Petrus wird gefragt, was er in Jerusalem mache, und antwortet, er mache Urlaub. »Ah ja, du angelst wohl nach etwas anderem, he?«, ist die prompte Antwort. Dieses Beispiel verdeutlicht, wie sehr unsere jungen Anspielschreiber vom modernen Theater geprägt sind, und oft wird gegen das klare Verbot aus Epheser 5,3-4 verstoßen.

In ähnlicher Weise behandelt der bekannte Sketch »Das Gleichnis vom barmherzigen Punk-Rocker« eine ernste Geschichte in humoristischer Weise. Es soll zwar nicht banal sein, ist es aber. Ein Geistlicher geht über die Bühne und singt fromm »A-ha-men«, und eine Sozialarbeiterin erklärt mit wehmütig-wichtigem Gesichtsausdruck, dass sie sich »wirklich Sorgen macht um diese Kids«. Das Anspiel ist witzig, aber im Gleichnis vom barmherzigen Samariter (Lukas 10,25ff) hat Jesus nicht über den Priester und den Leviten gelacht; die Sache war dafür zu ernst. Sein Gleichnis war keine Slapstick-Komödie.[120]

Schlimmer als all das ist die Einführung von Clowns in die Evangeliumspräsentation. Von der Weltvereinigung christlicher Kommunikation (World Association of Christian Communication, WACC) wurde 1983 ein Clown-, Schauspiel-, Marionetten- und Tanz-Workshop organisiert. Die dazugehörige Broschüre enthielt eine Liste von Clown-Workshops, von denen einer betitelt war: »Jesus Christus, König der Könige, Herr der Herren, Clown der Clowns.«[121] Vielleicht ist ein weiterer Kommentar dazu unnötig, aber Christen, die anderen Sahnetorten ins Gesicht drücken, werden damit nicht bei jedem gut ankommen, nur weil sie »Kunst für evangelistische Zwecke erlöst« haben.

Leider müssen wir feststellen: Wenn die Moralmaßstäbe für christliches Theater sich ständig abwärts auf die Welt zubewegen, genau wie es tausend Jahre zuvor bei den Mysterienspielen der Fall war, dann schleicht sich auch gedankenlose und leichtfertige Lästerung ein. Wenn es keine Tatsache wäre, wäre es unglaublich: In einem Anspiel wurde ein Sünder vor dem Himmelstor gefragt, ob er aufgrund des Blutes des Lammes herein wolle und antwortete prompt: »Ich habe kein blutendes Lamm gesehen.« Als ich einmal eine Veranstaltung der »Christian Union« besuchte, rief ein Student dringend nach Freiwilligen für die CU-Theatergruppe. Er brauchte »zwei weitere Teufel« und fragte: »Wer möchte denn bitte noch ein Teufel sein?!« Sofort schossen zwei Hände in die Höhe.

Ich weiß, dass es auch anderes, besseres christliches Theater gibt. Manche Stücke sind gut geschrieben, durchdacht und werden geschmackvoll aufgeführt. Der kleine Drei-Szenen-Sketch »Der Blindgeborene«[122] hält sich so dicht an die Schrift, dass es fast eine aufgeführte Bibellese ist und wird auch manchmal als solche eingesetzt. Wer nicht Theater prinzipiell ablehnt, wird dieses Stück kaum kritisieren können. Und ähnliches gibt es viel. Doch leider ist ein Großteil des christlichen Theaters trivial, insbesondere des Straßentheaters. Manche geistlichen Themen können einfach nicht auf das Niveau der Bühne herabgeschraubt werden. Tanz und Theater sind grundsätzlich Unterhaltung. Das Argument, dass wir »am besten beim Genießen lernen«, ist nicht immer richtig und nicht immer angemessen. Was der Herr am Kreuz erlitt und welche Qualen die Hölle mit sich bringt, kann man nicht durch Spaß und Unterhaltung vermitteln. Viele stimmen dem zu und versichern, Theater nicht für solche Bereiche einzusetzen. Das ist gut, doch die Gefahr besteht immer, dass eine Kunst, die der Unterhaltung dient, schnell die allerernstesten Botschaften lächerlich macht.

3. Tanz und Theater vermeiden die direkte und persönliche Konfrontation

Das ist wahrscheinlich der wichtigste Grund, weshalb die ersten Christen kein Interesse daran hatten, die Bühne vor ihren Karren zu spannen und sie für Christus zu »erlösen«. Die Evangelisationsmethode im Neuen Testament war erstens Predigen und zweitens Zeugnisgeben, persönliches Bekenntnis zu Christus und Diskussion. Alle diese Methoden sind direkt und persönlich. Bei Theater und Tanz ist der Aufführende auf Distanz und hinter einer Maske verborgen; er gibt stets vor, jemand anderes zu sein. Das ist keine Täuschung, denn zwischen Darsteller und Publikum ist das so abgemacht, aber dennoch ist der Schauspieler distanziert. Das Publikum hat bei einer Aufführung keinen persönlichen Kontakt mit einem echten Christen wie z.B. bei einer Predigt oder einem Zeugnis. Dies wird gut verdeutlicht in einem Buch über christliches Theater, das den ganzen Bereich von Wahrheit und Unterhaltung untersucht:

> Durch ihre Kunst können christliche Schauspieler und Entertainer die Wahrheit des Evangeliums ausdrücken, aber dennoch wird es jenen Augenblick geben, wenn jemand aus dem Publikum zu einem der Darsteller sagen muss: »Was du sagst, macht Sinn, aber gilt das auch wirklich in deinem Leben? *Glaubst du das selbst?* … Ein Schauspieler kann nur für die Charakterfigur sprechen, die er darstellt, und nicht für sich selbst.[123]

Genau aus diesem Grund lehnte die frühe Gemeinde und lehnen viele Christen heute Theater ab. Manchmal umgeht man mit Theater tatsächlich gezielt den persönlichen Kontakt. Die vorausgehenden Proben können einen Schutz bieten vor der Furcht, mit anderen Menschen spontan von Angesicht zu Angesicht konfrontiert zu werden. Manche christlichen Schüler-, Studenten- und Jugendgruppen bereiten wochenlang evangelistische Aufführungen vor, die mit der echten Theaterkultur sowieso nicht mithalten können, doch andererseits können diese jungen Christen kaum dazu gebracht werden, ihre ungläubigen Nachbarn zu einem Kaffee und einem Plausch einzuladen. Theater ist weit attraktiver als »Klinkenputzen«, aber längst nicht so effektiv.

Oft sind Künste, insbesondere Tanz und Theater, die letzten Ausflüchte eines Christen, der befürchtet, er könne auf keine andere Weise wirksam ein Zeugnis für den Herrn Jesus sein. Er sagt: »Ich bin kein Prediger und persönliche Evangelisation finde ich zu schwierig; deshalb sind Tanz und Theater mein Beitrag zur Evangelisation. Ich finde auch, dass Predigt die beste Methode ist, aber ich kann nicht predigen, sondern nur schauspielern.« Diese Ausrede gilt nicht. Das Neue Testament ist unser Auftrag und es fordert direkte Konfrontation. Ein Christ kann auf zahllose Weise persönliche Evangelisation praktizieren: Angefangen bei Haus-zu-Haus-Besuchen über Traktateverteilen und Büchertische in der Fußgängerzone bis zu Gastfreundschaftsevangelisation mit Kaffee und Keksen und persönlichem Bekenntnis und Gesprächen im Sportverein *gibt* es jede Menge Gelegenheiten zur Evangelisation. Tagtäglich begegnen Christen anderen Menschen bei der Arbeit, auf der Straße usw. und reden mit ihnen. Wir müssen ehrlich sein: Oft ist es vielmehr Menschenfurcht, die zu Tanz und Theater veranlasst, als Liebe zu diesen Künsten.

Evangelisation bedeutetet, Nichtchristen Christus mitzuteilen und wird durch Wort und Leben praktiziert. Die frohe Botschaft soll in einem echten Leben eines echten Christen weitergegeben werden. Als Gott dieser Welt sein Evangelium brachte, tat er das nicht durch einen Engel, der die Gestalt des Sohnes Gottes annahm, sondern durch den Sohn Gottes selbst. Die Fleischwerdung war kein Schauspiel, sondern reales Leben. Das ist Gottes Musterbeispiel für Evangelisation. Es gibt nicht nur keinen biblischen Beleg für evangelistisches Theater, sondern die Bibel lehrt ganz konkret eine ganz andersartige Evangelisation. Weisen Sie dieses Argument nicht von der Hand; es ist ein wichtiger Punkt, dem wir uns stellen müssen. Für die Christen des 1. Jahrhunderts widersprach Schauspielerei ihrem ganzen Verständnis von Gottes Offenbarung in Christus. Sie wollten den Ungläubigen direkt begegnen und nicht distanziert; sie suchten die Konfrontation und die Herausforderung zu einer unmittelbaren Reaktion und wollten es den Menschen nicht überlassen, irgendetwas Dargebotenes später selbst zu interpretieren. In der Frühzeit der Gemeinde wurde das Evangelium stets so präsentiert, dass man es sofort annehmen konnte; die Christen erwarteten eine Reaktion auf Christus.

Eine große Einschränkung bei Tanz und Theater ist, dass diese Künste nicht auf die Zuschauer reagieren können, geschweige denn auf den Heiligen Geist. Natürlich weiß jeder Schauspieler, wie ein Publikum »das Beste aus ihm rausholen« kann und dass keine zwei Theateraufführungen gleich sind. Doch der Schauspieler ist grundsätzlich an das Skript gebunden und muss sich um der anderen Beteiligten willen an diese Vorgabe halten. Improvisation ist nur beschränkt möglich, und gut aus dem Stegreif reden können nur hochgradig geübte Profis. Bei Predigt und persönlichem Zeugnis hingegen kann man ohne Weiteres auf die Leitung des Heiligen Geistes reagieren und entsprechend der jeweiligen Situation spontan umdisponieren. Theater ist daher im Vergleich zur Predigt unflexibel. Die ersten Christen legten Wert auf Freiheit und persönliche Konfrontation.

4. Tanz und Theater müssen stets interpretiert werden

Weil Theater interpretiert werden muss, kam es für die ersten Christen nicht in Frage. Sie hatten keine Zeit, ein Stück aufzuführen und es anschließend erklären zu müssen. Ihre Predigt war direkt und ohne Umschweife und brauchte keine weitere Erklärung. Eine Predigt sagt es, wie es ist. Der Herr forderte seine Jünger nie auf, seine Gleichnisse vor oder nach seiner Predigt aufzuführen. Offen gesagt, hätte er damit eingestanden, dass seine Predigt unzulänglich war. Ein anmutiges Ballett mit einem christlichen Thema mag für den Eingeweihten einleuchtend sein, doch andere können damit nichts anfangen oder fehlinterpretieren es. Ein Schauspiel erfordert es, die darin versteckte Botschaft zu enträtseln, außer es handelt sich um eine exakte Aufführung eines biblischen Ereignisses. Zum Enträtseln ist eine bestimmte Fähigkeit nötig. Moderne Stücke oder auch ältere werden oft dafür gelobt, dass sie wichtige Botschaften geschickt unter der Oberfläche der offenkundigen Handlung verbergen. Viele verstehen dann zwar die Geschichte, doch die Botschaft kommt nicht bei ihnen an.

Es stimmt, dass einige Gleichnisse Jesu rätselhaft waren und eine Interpretation erforderten. Doch der Herr nannte den Grund dafür: »Weil euch gegeben ist, die Geheimnisse des Reiches der Himmel zu wissen, jenen aber ist es nicht gegeben ... Darum rede ich in Gleichnissen zu ihnen, weil sie sehend nicht sehen und hörend nicht hören noch verstehen« (Mt 13,11.13). Christus sprach absichtlich auf eine Weise, die nur von denen verstanden wurde, die den Schlüssel zum Verständnis hatten. Doch er kündigte auch den Tag an, »da ich nicht mehr in Bildreden zu euch sprechen, sondern euch offen von dem Vater verkündigen werde« (Joh 16,25). Dieser Tag ist jetzt gekommen. Unsere Aufgabe ist nicht, das Evangelium in einer kodierten Sprache zu verhüllen, sondern es für alle verständlich zu machen.

Michael Buss hat Recht, wenn er sagt: »Ballett, Musik und Mimik können künstlerisch clever sein, aber die Botschaft ist oft hinter der äußeren Kunst verborgen.«[124] Wenn die Botschaft interpretiert werden muss, besteht immer die große Gefahr der falschen Interpretation. Geistliche Blindheit bedeutet natürlich oft, dass ein Zuhörer auch die klaren Worte einer Predigt nicht versteht, aber wir sollen ihm nicht das zusätzliche Problem auferlegen, ein Theaterstück zu dechiffrieren.

Leute von heute haben oft keine Bibelkenntnis. Deshalb kann man bei einem biblischen Theaterstück nicht davon ausgehen, dass die Zuschauer wissen, wann ein Stück sich treu an die Worte und den Sinn der Bibel hält. Eine schwere Verantwortung lastet auf dem Verfasser, der Eindrücke anders vermittelt oder Charakter anders darstellt, als die Schrift es tut.

Ein Beispiel dafür ist ein Theaterstück, dass die Bekehrung des Saulus aus seiner eigenen Perspektive und aus Sicht des Propheten Hananias beschreibt.[125] Die Umsetzung hat wenig mit dem biblischen Bericht zu tun. Zuerst wird dargestellt, wie Saulus den Sanhedrin und insbesondere Gamaliel zu überzeugen versucht, dass die Christen ausgerottet werden müssen. Dann wechselt die Szene zu Hananias und seiner Frau Flora. Sie versucht einzuschlafen, während Hananias eifrig nach Hammer und Nägel sucht, um das Haus zu verbarrikadieren, da er gehört hat, dass der berüchtigte Saulus unterwegs nach Damaskus sei. Der Prophet wird leichtfertig als schusseliger Dummkopf karikiert, der zu beschäftigt und zu besorgt ist um zu beten, obwohl ihn seine Frau dazu ermuntert. Das ändert sich erst, als Gott ihm begegnet und ihn beauftragt, zu Saulus zu gehen. Tatsächlich ist es Flora, die als erste »ein Wort vom Herrn« empfängt. Während sie betet: »O Herr, bitte bewahre alle Jünger Christi in Damaskus«, betet Hananias: »O Herr, wo in aller Welt sind bloß die Nägel geblieben?«, und als er sie schließlich findet, nickt er ein »Dankeschön« gen Himmel. Fast das ganze Stück ist in diesem Stil. Ohne jede biblische Begründung wird Hananias dargestellt als dummer alter Mann, der seiner Frau geistlich beschämend unterlegen ist, bis Gott ihm eine besondere Botschaft gibt. Das ist wohl die einzige Interpretation, zu der ein Ungläubiger unter den Zuschauern kommen kann.

In ähnlicher Weise vermittelt ein gänzlich fiktives Gespräch zwischen Salome, Lukas und Maria am Auferstehungstag eine seltsame Interpretation von Salome, deren tatsächliche Ansichten womöglich das völlige Gegenteil von denen waren, die ihr in diesem Stück angehängt werden.[126] Es gibt sogar moderne Versionen von Abrahams und Sarahs Auszug aus Haran, die Sarah so darstellen, als sei sie widerwillig gewesen ihren Fernsehapparat zurückzulassen. Nach allem, was wir wissen, war sie genauso bereitwillig, alles für Gott aufzugeben, wie es Abraham eindeutig war.

Ich behaupte nicht, dass Theater seinen Inhalt unweigerlich verzerrt darstellen muss, doch besteht die große Versuchung, dies um des Effekts willen zu tun. Es ist bemerkenswert, wie wenig Stücke, die eine historische Biografie nachspielen, darin einwandfrei sind. Nachdem der Verfasser, die Schauspieler und das Publikum alle auf ihre Weise die Bibel »interpretiert« haben, mag nur wenig von Gottes Wahrheit übrig geblieben sein. Von Paulus können wir lernen: »Wir haben den geheimen Dingen, deren man sich schämen muss, entsagt und wandeln nicht in Arglist, noch verfälschen wir das Wort Gottes, sondern durch die Offenbarung der Wahrheit empfehlen wir uns jedem Gewissen der Menschen vor Gott« (2Kor 4,2)

5. Tanz und Theater sind weder natürliche noch die effektivsten Kommunikationsmethoden

Zu den Zeiten, als die Gemeinde am meisten geistliches Leben hatte, wurden die Künste nie im größerem Umfang eingesetzt. Neunhundert Jahre lang breitete sich das Evangelium in Britannien aus, bevor jemand überhaupt auf die Idee kam, Gottesdienste mit Theater aufzupeppen! Die am häufigsten eingesetzte Methode zum Vermitteln von Wahrheit ist die klare Rede. Ob von der Kanzel, vom Rednerpult, im Unterrichtsraum, über den Gartenzaun oder aus dem Radio, ist Klartext die effektivste Kommunikationsmethode. Die Künste sind nicht die Hauptmedien, die eine Gesellschaft prägen, vielmehr spiegeln sie die Gesellschaft einfach wider. Sie sind keine regelnden Thermostate, sondern anzeigende Thermometer.

Auf der Titelseite des Buches *Time to Act* prangt das alte Sprichwort: »Ich höre, ich vergesse. Ich sehe, ich merke mir. Ich tue, ich verstehe.« Darin liegt sicherlich etwas Wahrheit, aber nicht die ganze Wahrheit. Tagtäglich wird Millionen Male mehr Information durch klare Rede übermittelt als durch irgendeine andere Weise. Klartext ist simpel, direkt, schnell und komprimiert, und das auf die natürlichste Weise, die möglich ist. Wir sprechen vielleicht davon, dass jemand die »natürliche Begabung« des Schauspielens habe; dann schicken wir ihn auf die Schauspielschule und bringen Jahre auf, um diese Begabung in Form zu bringen. Doch die meisten Menschen haben die Begabung, Klartext zu reden, es sei denn, es ist ihnen aufgrund einer Behinderung verwehrt. Drei Autoren, die viel mit Theater zu tun haben, geben offen zu: »Allzu oft meinen wir, schauspielern käme auf natürliche Weise zustande, doch in Wirklichkeit braucht es dazu eine Menge Übung und harte Arbeit.«[127] Harte Arbeit, Seminare und mindestens ein Abend pro Woche sind ihr empfohlenes Minimum, und dieser Aufwand reicht nur für das Trainieren und Proben.

Wenn Tanz und Theater als Ergänzung einer Predigt »wie Fenster sein können, die einen klareren Blick auf Gottes Wahrheit bieten«, dann hat die Predigt ihren Zweck arg verfehlt. Die Behauptung, »herkömmliche Sprache und Präsentation sind vom modernen Menschen zu weit weg«[128], ist seltsam. Wenn mit »herkömmlicher Sprache« evangelikale Klischees (»die Sprache

Kanaans«) gemeint sind, dann sind diese zugegebenermaßen genauso unnütz wie ein Schauspiel mit tiefer, aber verborgener Bedeutung. Aber eine Predigt in Klartext kann nie zu weit weg sein. Das bestreitet nicht, dass Tanz und Theater zur Kommunikation eingesetzt werden *können*, aber diese Künste sind nicht das, was die Leute am besten *verstehen.* Auch Politiker und Gewerkschaftsführer vermitteln ihre Botschaften nicht per Theater, sondern reden Klartext. Sicherlich sind Schauspiele oft attraktiver als Predigten, aber damit vergleicht man das Beste an den Spielen mit dem Schlechtesten an Predigten. Vergleichen wir den »trockenen Monolog« mit dem anrührend vorgetragenen Slapstick, fällt die Wahl nicht schwer, abgesehen davon, dass der »trockene Monolog« zumindest Wahrheit in einer Sprache vermittelt, die die Leute verstehen. Wenn wir die beste Predigt mit der geschicktesten und aufwändigsten Theateraufführung vergleichen, bewegen wir uns in zwei verschiedenen Welten. Großartige Predigten haben der Welt etwas gegeben, was Theater niemals geben kann. Das werden wir im letzten Kapitel sehen.

6. Tanz und Theater sind oft lediglich eine Flucht vor der Realität

Die Volkskünste werden von den meisten »einfach zum Spaß« und zur Unterhaltung praktiziert. Der durchschnittliche Disco-Teenager und Kinobesucher liest weder eine Botschaft in die Vorführung hinein, noch will er eine Botschaft zum Ausdruck bringen, sondern will einfach nur Spaß haben. Tatsächlich setzt nur ein elitärer Teil der Gesellschaft diese Künste zur Kommunikation ein. Die Volksmengen, die an einem Feiertag einer Folklore-Tanzaufführung zuschauen oder einem geschickten Töpfer, der sein Kunsthandwerk vorführt, oder auch einem brillanten Ballett, erwarten keine Botschaft, sondern wären überrascht, wenn man ihnen sagt, die Vorführungen enthielten eine »Message«. Das Medium an sich lässt nichts anderes erwarten als Unterhaltung.

Ein christliches Publikum mag eher dazu neigen und daher aufmerksamer zuhören und nach einer Botschaft Ausschau halten, aber der Nichtchrist verfällt von Beginn der Aufführung an in eine Geisteshaltung, in der er erwartet unterhalten zu werden.

Und darauf zielt der Großteil der Theater- und Tanzaufführungen auch ab: auf nichts weiter, als ihn zu unterhalten.

Dem Klartext einer Predigt hingegen liegt ein anderes »Abkommen« zugrunde. Dem Ungläubigen gefällt die Predigt vielleicht nicht, er hält sie womöglich sogar für einen »trockenen Monolog«, aber er weiß instinktiv, dass er daraus etwas lernen soll, denn das ist einfach Sinn und Zweck von Klartext. Burbridge und Watts schreiben: »Alle guten Predigten müssen bis zu einem gewissen Punkt Unterhaltung bieten, sonst schalten die Leute einfach ab. Jesus unterhielt seine Zuhörer natürlich mit Gleichnissen …«[129] Das stimmt, aber bei einer Vorführung erwartet das Publikum fast ausschließlich, unterhalten zu werden, wohingegen es bei einem einfachen Vortrag erwartet, unterrichtet zu werden. Das Größenverhältnis zwischen Unterhaltung und Unterricht ist bei einem Schauspiel genau anders herum als bei einer Predigt: Bei einem Schauspiel kann Unterricht ein kleiner Nebeneffekt sein; bei einer Predigt kann auch ein wenig Unterhaltung herausspringen.

Weil das Schauspiel in erster Linie Unterhaltung ist, stellt es keine Forderungen; es erwartet nicht vom Zuschauer, dass er nachdenkt, sondern verführt ihn vielmehr in eine Welt der Fantasie und Wirklichkeitsentfremdung. Das Fernsehen wirkt heute auf Millionen als Droge und bietet einen Fluchtweg vor der Realität des Lebens: vor der unangenehmen Arbeit, der konfliktbeladenen Ehe, den aufsässigen Kindern und sogar vor Krankheit und Tod. Deshalb lehnten die Evangelikalen des 18. und 19. Jahrhunderts so entschieden die Lektüre von Romanen und Kurzgeschichten ab. Diese »viktorianischen Videos« lullten die Leute ein und zogen sie weg von der Realität. Evangelikale haben nie dazu ermuntert, der Realität aus dem Weg zu gehen oder »den Verstand abzuschalten«. Allgemein gesagt, regen Tanz und Theater ausschließlich Insider zum Denken an.

Für ein Kind ist es noch normal, dass es sich nicht der Realität stellt, aber als Erwachsener muss man diese Reife haben. Das ist kein zwingendes Argument gegen Theater, sondern hilft lediglich, es aus richtiger Perspektive zu sehen. Das Publikum kann bequem dasitzen und wissen, dass die Vorführung keine Realität ist; das Spiel stellt keine Ansprüche und die Zuschauer brauchen nicht zu reagieren. Christliche Schauspieler erwarten von den Zuschauern vielleicht eine Reaktion, aber dazu müssen die Zuschauer erst einmal die Gewohnheit ablegen, auf Theater nicht zu reagieren.

7. Tanz und Theater sind Einfallstore für sexuelle Sünden

Die *Encyclopedia Britannica* macht folgende vielsagende Aussage über alle Arten des Tanzes – vom Walzer bis zum Discotanz: »Das Endprodukt ist zweifellos dasselbe: körperliches Vergnügen an der Aktivität des Tanzens und sexuelle Wahrnehmung eines Partners, der entweder umarmt oder beobachtet wird.« Dieses Lexikon tritt gewiss nicht für evangelikale Traditionen ein!

Anne Long spricht diese Gefahr der erweckten sexuellen Gefühle beim Zuschauen von Tanz oder bestimmten Formen von Theater an. Sie ist so ehrlich, dass sie dieses Thema aufgreift, aber ihre Aussagen sind nicht gerade beruhigend. Sie behauptet, es sei nichts Falsches »an Gefühlen, die als Wertschätzung von Körpern und körperlicher Bewegung aufkommen.«[130] Anne Long gibt zu, dass diese Gefühle schnell zu Begierde ausschreiten können. Und wohin führt uns das im Kontext von Evangelisation?

Leider gehen manche viel weiter als Anne Long. In einem Abschnitt des Buches »Anbetung und Tanz«[131] gibt der Autor zu, Tanz könne »erotische Gefühle auslösen gegenüber jemanden, mit dem man nicht verheiratet ist.« Um jedoch die offenkundige Problematik dieses Eingeständnisses zu umgehen, interpretiert der Autor Matthäus 5,27-30 um (»… Ich aber sage euch, dass jeder, der eine Frau ansieht, sie zu begehren, schon Ehebruch mit ihr begangen hat in seinem Herzen …«) und behauptet, hier gehe es nicht um sexuelle Gefühle, sondern um Ehebruch. Mit einem Musterbeispiel von Wortverdreherei unterscheidet er dann zwischen einerseits dem Wunsch, außerehelichen sexuellen Kontakt zu haben, »was entweder Begierde ist oder Untreue gegenüber dem eigenen Partner«, und andererseits einer »angenehmen und vergnüglichen Empfindung«. Warum, so fragt er, sollte Letzteres verurteilt werden? »Was ist natürlicher, als dass die Schönheit einer Frau sexuelle Gefühle weckt? Es scheint nichts Unrechtes daran zu sein, etwas sexuelle Stimulation zu verspüren, im Unterschied zu einer intensiven Erregung, die in Begierde übergeht.« Es ist erstaunlich, dass ein Autor so viel zugesteht, ohne zu merken, wie naiv die Annahme ist, »sexuelle Stimulation« könne ganz souverän wieder ausgeschaltet werden, bevor sie zu Begierde wird! Am deutlichsten wird seine Position durch seine Schlussfolgerung: »Angenommen, erotische Gefühle seien so legitim, wie oben erklärt, angenommen, Tanz habe gelegentlich eine erotische Qualität, hat Tanz dann nicht in der Liturgie eine Rolle zu spielen, indem er beherrschte Erotik in ritualisierter Form zum Ausdruck bringt?« Das mag für die griechische Bühne des Altertums gegolten haben, gilt aber sicher nicht für den Christen. In Philipper 4,8 dachte Paulus gewiss nicht an »beherrschte Erotik in ritualisierter Form«!

> Übrigens, Brüder, alles, was wahr, alles, was ehrbar, alles, was gerecht, alles, was rein, alles, was liebenswert, alles, was wohllautend ist, wenn es irgendeine Tugend und wenn es irgendein Lob gibt, das erwägt!

Erotische Elemente und sexuelle Zügellosigkeit als Bestandteil von »Anbetung« war stets ein Kennzeichen abgöttischer heidnischer Kulte. Bedenken wir, wie das Volk Israel von den Moabitern zu solch einem Götzendienst verführt wurde, »sodass sie Götzenopfer aßen und Unzucht trieben« (Offb 2,14; siehe 4Mo 25,1-2; 1Kor 10,8)!

Die meisten werden nicht so weit gehen wie dieser Autor, aber hier handelt es sich um einen Bereich, mit dem man allgemein zu leichtfertig umgeht. Der Darbietungstanz bringt fast immer die Gefahr mit sich, Gefühle zu wecken, die zur Begierde führen und *muss* daher von Anbetung und Evangelisation ablenken. Die Geschichte des Tanzes beweist das; eine von den drei einzigen Vorkommen von Tanz im Neuen Testament bestätigt das (Mt 14,6; der reizvolle Tanz der Tochter der Herodias), moderne Lexika stimmen zu und die Ehrlichkeit vieler aus dem Publikum bekräftig das. Das anmutige Mädchen mit wehendem Haar und glitzerndem Kleid, oder schlimmer die Gymnastikhosen, von denen sogar Künstler zugeben, dass sie »Männer aus dem Publikum in Verlegenheit bringen«[132], sind nicht die Ausdrucksmittel, die zur Anbetung führen, und bei Evangelisationen wirken sich solche Darbietungen mit hoher Wahrscheinlichkeit zerstörerisch auf die Botschaft aus.

Als kürzlich eine »Gang« von jungen Leuten von der Straße unsere Gemeinde besuchte, saßen sie während des ganzen Gottesdienstes recht ordentlich da und hörten sogar bei der Predigt zu. Ich frage mich, was sie wohl vom christlichen Glauben gedacht hätten, wenn einige unserer Mädchen während des Gottesdienstes vorn getanzt hätten. Allein aus diesem Grund gehört ein Darbietungstanz niemals in eine Evangelisation und bei der Anbetung kann er nur ein Test dafür sein, ob der Christ seinen »Bund mit seinen Augen« hält (Hiob 31,1).

Was schließen wir daraus?

Diese sieben Gefahren von Tanz und Theater sind nicht dazu gedacht, die darbietenden Künste in Bausch und Bogen zu verurteilen. In Kapitel 1 habe ich versucht, fair die positiven Begründungen für Tanz und Theater aufzuzeigen, dann haben wir die historischen und biblischen Fakten gesichtet und nun folgten meine Warnungen. Tanz und Theater sind gefährlicher Sprengstoff und diese Gefahr kann nicht ignoriert werden. Ich habe zunächst versucht objektiv und anschließend praktisch zu sein und nun ziehe ich die Schlussfolgerungen.

Es sollte uns skeptisch machen, dass die vermeintlich biblischen Argumente für Tanz und Theater allesamt ausschließlich aus dem Alten Testament angeführt werden. Wie wir in den vorherigen Kapiteln gesehen haben, beruhen viele dieser Argumente auf falschen Grundannahmen; doch angenommen, alle diese Argumente seien berechtigt und Tanz und Theater kämen tatsächlich im alttestamentlichen Gottesdienst vor. Das würde lediglich beweisen, dass sie nicht an sich falsch sind. Doch das völlige Schweigen des Neuen Testaments würde uns immer noch in eine andere Richtung führen. Wir würden schließen, dass es Elemente alttestamentlicher Anbetung gibt, die zur unreifen Phase der Anbetung Gottes gehören und dass etwas Ausgereifteres folgen sollte. Das war mit Sicherheit so bei den alttestamentlichen Opfern. Manche verwenden heute in der Anbetung symbolische Banner auf Grundlage von Psalm 20,6 und Jesaja 13,2. Das muss nicht unbedingt falsch sein, aber es ist sicher auch nicht elementar für den Gottesdienst. Vielmehr bedeutet Anbetung Gottes in Geist und Wahrheit (Joh 4,23), dass man die vorläufigen Schattenbilder aufgibt und sich dem Eigentlichen zuwendet. Im Zeitalter des Heiligen Geistes haben wir etwas weit Besseres.

Der persönliche Tanz bei der Anbetung, der spontane Freudensprung, ist hin und wieder in Zeiten der Erweckung vorgekommen. Niemand kann etwas dagegen sagen. Vorausgesetzt, er ist wirklich geistlich – was Kontakt zu Andersgeschlechtlichen ausschließt –, mag er für manche der natürliche Ausdruck einer heiligen Freude sein. Doch nichts, was der Einzelne bei seiner gemeinschaftlichen Anbetung tut, sollte andere ablenken oder in Verlegenheit bringen. Das ist eine grundsätzliche Anforderung für gemeinsame Anbetung. Die Aufforderung »sich selbst gehen zu lassen und alle anderen um sich her zu vergessen« widerspricht dem gesamten Zweck des Zusammenkommens und kann andere hindern, in der Gegenwart Gottes anzubeten.

Der *persönliche Tanz* in der Anbetung wird heute überbetont. In manchen Kreisen wird er zu einem Test für geistliches Leben hochstilisiert. Ein solcher Anspruch an sich ist schon ein Zeichen geistlicher Arroganz. Das völlige Fehlen gesicherter biblischer Argumente für Tanz in der Gemeinde muss uns eine Warnung sein und wir dürfen Tanz höchstenfalls eine äußerst kleine Ecke zugestehen. Es wäre besser, es dem Heiligen Geist zu überlassen, ob er Erweckung gibt. Er weiß was zu tun ist.

Gesellschaftstanz ist eine andere Sache. Wir haben gesehen, dass viele Puritaner ihn liebten, aber wir dürfen den damaligen Tanz nicht verwechseln mit dem, was in heutigen Discos abgeht. Damals waren klare Grenzen gezogen. Die meisten Puritaner waren gegen gemischten Tanz, und zwar wegen des siebten Gebots: »Du sollst nicht ehebrechen!« In einer Zeit, wo Ehescheidung auch unter Christen in noch nie dagewesenem Maße einbricht, muss diese Warnung sehr ernst genommen werden. Die Einstellung, wir müssten uns »gegenseitig erfreuen und berühren« (siehe S. 21) ist ein brandgefährlicher Rat. Die Behauptung, Christen könnten einander ihre Liebe nur zeigen und erweisen oder Gott im Geist anbeten, wenn sie sich umarmen und tanzen, ist überheblich naiv. Wenn Christen respektieren, wie empfänglich die

Geschlechter für Versuchungen sind, gehen sie mit körperlichen Berührungen stets sehr vorsichtig um.

In den letzten 200 Jahren hatten die Evangelikalen gute Gründe, argwöhnisch gegenüber dem Tanz zu sein. Viele haben von der Kanzel dagegen gewettert. In einer Predigt am 9. Juni 1935 geißelte John R. Rice die Tanzkultur unter dem Titel: »Was ist schlecht am Tanzen?« Der Untertitel lautete: »Kind des Bordells, Schwester von Trunksucht, Lüsternheit, Scheidung und Mord, die Mutter der Begierde – ein Weg in die Hölle.« Da können wir uns vorstellen, in welche Richtung die Predigt zielte! Hier eine Kostprobe:

> Ein Mann, der uns verlassen hat und nun tanzen geht, sagte zu mir: »Ich denke dabei an nichts anderes als das Einüben, die Musik, die Unterhaltung usw.« Doch du gehst hinaus und tanzt mit einem Mädchen, dein Arm um sie geschlungen, ihr Bein zwischen deinen Beinen, sie spärlich bekleidet, ziehst du sie eng an dich heran und tanzt mit ihr; danach tanzt ein anderer mit ihr und dann noch ein anderer. Das tust du eine Stunde nach der anderen, mit möglichst engem Körperkontakt, vor anderen Leuten und ohne jeden Abstand zwischen euch … Jemand sagte: »Bruder Rice, ich habe keine schlechten Gedanken beim Tanzen.« Ich antwortete: »Du bist ein dreckiger Lügner und das weißt du ganz genau!

Darüber mag man lächeln, doch da die Maßstäbe auf dem Abwärtstrend sind, stehen Christen heute in Gefahr, genau dieses Verhalten zu rechtfertigen. Vielleicht meinen Sie, Rice habe übertrieben. Das mag sein, aber ich hoffe, dass nicht viele gläubige Leser in der von ihm beschriebenen Art und Weise tanzen, weder in noch außerhalb der Gemeinde. Doch wenn wir ehrlicher und weniger scheinheilig wären, müssten wir zugeben, dass im Tanzen enorm viel Potential zur Sünde steckt.

In zurückhaltenderer, aber effektiverer Weise behandelte Charles Haddon Spurgeon dasselbe Thema in einer Predigt am 29. Dezember 1857 unter dem Titel »Die Freuden eines Christen«:

> Manche fragen: »Was hältst du vom Tanzen?« Nun, wenn dieses Thema angesprochen wird, habe ich stets ein unan-

genehmes Gefühl im Hals, denn ich werde daran erinnert, dass der erste »Bapisten-Prediger« [er meint Johannes den Täufer] seinen Kopf durch einen Tanz verlor. Ich bin sicher, dass ich um einen Kopf kürzer sein sollte, bevor ich diesem Zeitvertreib fröne. Die üblichen Assoziationen des Ballsaals und der Tanzpartys sind solcher Natur, dass es mich wundert, wie Christen jemals Freude daran haben können. Eine sichere Regel, die man auf alle Beschäftigungen anwenden sollte, lautet: »Kann ich den Herrn Jesus mitnehmen, wenn ich dort hin gehe? Wenn nicht, ist das kein Platz für mich als einen seiner Nachfolger.

Leider haben sich einige Christen heute eingeredet, sie könnten mit Christus überall hin gehen. Vielleicht können wir nichts ernstlich einwenden gegen harmloses, beherrschtes Tanzen in Gruppen. Die große Gefahr, die immer von Christen vermieden werden sollte, ist der Tanz, bei dem zwei Partner engen Körperkontakt haben. Ist das puritanisch? Ja, und die Puritaner wussten sich am Tanz zu erfreuen.

Obwohl es über den unmittelbaren Zweck dieses Buches hinausgeht, auf Tanz und Theater im gesellschaftlichen Sinne einzugehen, haben wir genügend Prinzipien gezeigt, die Christen Leitlinien für ein bedenkenloses Verhalten bieten. Weder Tanz noch Theater sind unbedingt an sich falsch, können aber leicht missbraucht werden. Es kommt auf den jeweiligen Rahmen und die Form an. Bestimmte Formen des modernen gesellschaftlichen Tanzens können keinen Platz im Leben eines hingegebenen Christen haben, nämlich wenn die Bewegungen dabei bewusst aufreizend und verlockend sind. In einer gefallenen Welt kann fast alles, was an sich unschuldig oder harmlos ist, leicht pervertiert werden. Bei vielen Folklore-Tänzen gibt es so gut wie keinen Körperkontakt und der Mann benutzt seine Hände und Arme nur zum Leiten und Lenken, aber nicht zum Umarmen. In ähnlicher Weise geht man bei »altmodischen« Gesellschaftstänzen sehr distanziert miteinander um, sodass der Partner einem nicht zu nah kommt. Doch ist es nur ein kleiner Schritt von dort bis zum Foxtrott oder Walzer, wo enger Körperkontakt dazugehört. Dazwischen gibt es eine Grenze, die Christen niemals überschreiten sollten. Die Puritaner wussten, wo diese Grenze ist. Daran sehen wir, wie gut sie ihren christlichen Glauben verstanden, anwendeten und auslebten.

An früherer Stelle zeigten wir die Gefahren des Darbietungstanzes auf. Eine vor Zuschauern dargebotene Kunst kann ganz einfach deshalb gefährlich sein, weil sie nicht die verschiedenen Standpunkte der Zuschauer berücksichtigt. Bei einem Ballett z. B. bewundert der eine Zuschauer die Ästhetik der Choreografie, die feinsinnige Interpretation und die geschickte Einbeziehung des Raumes. Ein anderer übersieht all die kleineren Details und erfreut sich an den anmutigen Bewegungen, den farbenfrohen Kostümen und der Gesamtatmosphäre. Doch noch ein anderer ist nur damit beschäftigt, aus ganz anderen Gründen die hübscheste Darstellerin oder den attraktivsten Tänzer zu beäugeln. Von dieser letzten Gruppe befinden sich heute vielleicht nur wenige unter den Zuschauern eines Balletts, da sich die Vorführung generell an »Insider« richtet, d. h. an solche, die die Aufführung um des guten Balletts willen besuchen. Dasselbe kann von Eiskunstlauf, Sportgymnastik und vielen weiteren Unterhaltungsdarbietungen gesagt werden. Bei einer Aufführung im christlichen Kontext ist es natürlich gefährlich, dass die Zuschauer keine Insider sind, und da sie mit der Darbietung nicht so viel anfangen können, findet der Teufel andere Dinge, um die sich ihre Gedanken drehen. Es kommt also auf den *Kontext* ebenso an wie auf den *Inhalt.*

Als 1913 Strawinskys »Frühlingsritual« uraufgeführt wurde, waren viele über dessen mehr als zweideutigen Inhalt schockiert. Damals hat ein solches Stück noch Entrüstung ausgelöst. Der Christ kann niemals etwas *anschauen*, was er nicht *tun* darf. Natürlich ist es möglich, an Verliebtsein zu denken, ohne an Sex zu denken, aber der Christ sollte sich ehrlich fragen, warum er in Träume von Verliebtheit flüchten will.

Zusammenfassend wird aus all dem klar, dass *Darbietungstanz* weder in Evangelisation noch in Anbetung etwas zu suchen hat, und dass es fraglich ist, welche Rolle *persönlicher Tanz* in der Evangelisation spielen könnte. Was Anbetung betrifft, ist das, was manchmal als Tanz bei Erweckungszeiten bezeichnet wird, nichts anderes als ein überschwänglicher Freudenhüpfer. Wenn Tanz überhaupt im Gottesdienst vorkommt, dann muss er spontan sein und nicht geplant, geistlich und nicht fleischlich. Tatsächlich ist Tanz für Anbetung weder elementar noch erstrebenswert.

Gesellschaftstanz kann nicht als unrechtmäßig erklärt werden, solange dabei kein enger Körperkontakt besteht und er keine Bewegungen beinhaltet, die andere zur Sünde verführen oder in Verlegenheit bringen. Offen gesagt ist Gesellschaftstanz ein gefährlicher Bereich, den ein Christ, wenn er weise ist, meidet. Der Christ, der mit einer Welt tanzt, die nicht seine Maßstäbe und Grenzen teilt, wird nicht lange ein geistlich gesunder Christ bleiben.

Zum Theater ist nur wenig mehr zu sagen. Die aufgelisteten Gefahren und die natürliche Schwäche des Theaters als Kommunikationsmittel für das Evangelium lassen schließen, dass dieses Medium weder in Evangelisation noch im Gottesdienst einen Platz hat. Vielleicht mögen wir leichter akzeptieren, dass Theater für Kinder eingesetzt werden kann, da ihre Welt noch weniger von der Realität als von Fantasie geprägt ist und sie selber gern andere Rollen bei ihren Spielen einnehmen. Für Kinder gehört Theater zu ihrem Spiel, es ist ihr eigenes Kommunikationsmittel. Daher kann es manchmal hilfreich sein, ein Rollenspiel als Unterrichtsmethode einzusetzen. Dabei sind die Kinder keine Zuschauer, die unterhalten werden, sondern Teilnehmer am Lernprozess.

Für Erwachsene ist der Schritt in eine Fantasiewelt jedoch ein Rückschritt in die Kindheit. Das ist eine unliebsame Schlussfolgerung, aber Erwachsene, die das Gleichnis vom barmherzigen Samariter nur dann verstehen können, wenn es von Gemeindemitarbeitern vorgespielt wird, müssen außergewöhnlich unterbegabt sein. Der Herr Jesus hat es lediglich *gepredigt*. Es gibt zweifellos Situationen, wo es nicht möglich ist zu predigen oder ein persönliches Zeugnis zu geben, oder wo die Zuhörer nicht imstande sind Klartext zu verstehen. Straßentheater mag *gelegentlich* nützlich sein, um eine Volksmenge anzuziehen oder Aufmerksamkeit auf Evangelisten zu lenken, wenngleich ich das bezweifle. Sechs junge Christen, die in der Fußgängerzone einen Stapel Traktate verteilen und ihre freudigen Erfahrungen mit Christus weitersagen, werden tausendmal fruchtreicher sein als ein kleiner Sketch an der Straßenecke.

Gegen ein gutes Theaterstück zur Entspannung und Unterhaltung ist kaum etwas einzuwenden. Es gibt keinen Grund, warum Christen nicht das ein oder andere gesunde und positive Theaterstück schreiben sollten. Alles hier Gesagte muss auch für Schauspiele in elektronischen Medien gelten. Evangelistische Filme haben ihren Wert, jedoch nur einen geringen. Es wäre besser, wenn Christen Dokumentarfilme und historische Biografien produzierten. Repräsentation als solche ist keine Vortäuschung, sofern für die Zuschauer klar ist, dass der Schauspieler nicht derjenige ist, den er spielt – was bei einem Schauspiel stets der Fall ist. Ein Christ sollte jedoch nie einen Charakter darstellen und sich intensiv mit ihm identifizieren, wenn ihm das selber schadet. Außerdem sollte ein Christ niemals seinen eigenen Herrn nachspielen. Auch Böses wie den Teufel sollte er nicht darstellen oder irgendetwas auf der Bühne tun, was irgendwie anstößig oder sündig wäre. Darüber hinaus haben wir uns bereits ausführlich mit den Gefahren des Theaters befasst.

Es ist ein Kennzeichen einer armseligen und eingeschüchterten Christenheit geworden, dass sie nach neuen Kommunikationsmethoden sucht. Heute sind wir auf dieser Suche bei Tanz und Theater gelandet. Wenn die Gemeinde diese Abwärtsfahrt fortsetzt, werden Tanz und Theater im steigenden Trend liegen. Doch vielleicht gibt es Anzeichen für eine Kursänderung. Je stärker der Geist Gottes unter den Christen wirkt, desto weniger brauchen sie Tanz und Theater in Evangelisation und Gottesdienst. Bleibt zu hoffen, dass dieses Thema aus diesem Grund bald völlig uninteressant wird. Wenn meine Schlussfolgerungen auch unpopulär sein mögen, bedeuten sie jedoch nicht, dass mir nichts an Evangelisation oder echter Anbetung liege, sondern vielmehr verdeutlichen sie, dass es einen besseren Weg gibt.

Kapitel 7

Der bessere Weg: zurück zur Predigt!

Oft wird behauptet, die Welt im 1. Jahrhundert, das Umfeld der Urgemeinde, sei derart anders als die Welt von heute, dass wir eine völlig neue Art und Weise der Evangelisation und Anbetung entwickeln müssten. Mit dieser Annahme werden oft ausgefallene neue Ideen gerechtfertigt. Wir können fast alles tun, und wenn man uns auffordert, eine biblische Begründung vorzuweisen, können wir uns bequem auf das Argument stützen, dass »heute alles anders ist«. Diese Behauptung wollen wir jetzt unter die Lupe nehmen. Das geht schnell und wird uns zu einer unbequemen Schlussfolgerung führen.

Die Welt des ersten Jahrhunderts

Die Gemeinde des 1. Jahrhunderts wuchs in einer Gesellschaft heran, die ihre großen technischen und kulturellen Errungenschaften durch eine unersättliche Lust nach Macht und Vergnügen verprasste. Rom war ein blühendes Reich, dessen Frieden, Wohlstand und Glanz den halben Erdkreis prägte. Die Macht des Römischen Reiches bestand fast tausend Jahre, und als die Barbaren sein Licht beinahe auslöschten, überlebte der Einfluss des römischen Gedanken- und Kulturguts die tausend Jahre des finsteren Mittelalters, um dann in der Renaissance im 14. Jahrhundert wiederbelebt zu werden. Als Petrus und Paulus das Evangelium verkündigten, war bereits offensichtlich, dass etwas mit dem großen Reich Rom nicht stimmte. Politische Intrigen und Unsicherheit wurden als Preis des Fortschritts akzeptiert, und Krieg, Rebellion und Gewalt waren der tägliche Tratsch auf dem Marktplatz. Die verbreitetste Religion war der Aberglaube, was zu einem schlimmen Verfall der Moral führte.

Es war eine Generation der Freizeit. Roms ständige militärische Erfolge sorgten dafür, dass der Markt regelmäßig mit Sklaven beliefert wurde. Warum selber arbeiten, wenn es andere billig für dich tun? Die Politiker, vom Kaiser angefangen, führten immer mehr Feiertage ein und veranstalteten häufig kunstvolle Shows, um politische Anerkennung zu erlangen. Im 2. Jahrhundert n. Chr. nahmen öffentliche Festtage bis zu 135 Tage im Jahr ein!

Für die, die lesen konnten, gab es reichlich Literatur. Während Paulus über das Kreuz predigte, las das Reich die *Äneis* von Vergil, die Gedichte des Horaz, die Geschichten Ovids und die Dramen Senecas. Die Satiriker und Novellendichter waren sehr gefragt. Wer nicht gern las, besuchte lieber die Pantomime, und wer musikalische Abende vorzog, für den gab es das Theater und ihre kleine Schwester, das Odeum, wo regelmäßig Orchester- und Chor-Konzerte mit Rezitationen und Schauspielen angeboten wurden. Allerdings sollte man sich zuerst die Probevorstellung ansehen, da manche ausschweifenden Szenen und lustvollen Gewaltakte auf der Bühne nicht jedermanns Geschmack waren. Es war tatsächlich schwierig ein Schauspiel zu finden ohne offene oder verdeckte Obszönitäten.

Korinth war das pralle Leben par excellence und das wahre Zentrum des Lebens. Die Stadt rühmte sich eines Theaters, eines Odeums und eines Amphitheaters. Und diese alle wetteiferten um deine Denare. Das Amphitheater mit seiner großen Arena fachte eine sadistische und brutale Blutrünstigkeit an. Vor Zigtausenden Zuschauern kämpften dort Raubtiere gegeneinander und gegen Gladiatoren und oft wurden Christen von Löwen in Stücke zerrissen. Die Menge liebte es; je blutiger desto besser. Doch auch in den Theatern gab es diesen Realismus und, wie wir in einem früheren Kapitel gesehen haben, wurde bei der Aufführung von »Der Tod des Herkules« der Held tatsächlich vor den Augen des Publikums verbrannt.

Wer das jedoch nicht verkraften konnte, für den gab es eine Fülle von Alternativen. Man ging zu den Rennen und setzte Wetten ein. Man wurde von den Händlern auf dem Jahrmarkt ausgebeutet, bestaunte die dressierten Zirkustiere, interessierte sich intensiv für die Stars, befasste sich mit Magie, las die kursierende Pornografie und besuchte die Nachtclubs der Innenstadt. Tanz, Theater und Musik wurde im Überfluss angeboten. Es war eine Gesellschaft der Reichen und Unbesorgten und der Armen und Ungebildeten. Im Allgemeinen lebte jeder für seine momentanen sinnlichen Vergnügungen.

Hinter jeder Lebensweise steht eine Denkweise. Was also dachte Rom, als die ersten Christen ins Reich strömten und ihr Evangelium vom gekreuzigten Christus mitbrachten? Wo immer das Banner des Evangeliums gehisst wurde, geschah das in einer Gesellschaft, die einen von drei Wegen beschritt bzw. eine Mischung aus allen dreien. Das Römische Reich konnte unterteilt werden in Heiden, Philosophen und Juden; obwohl die Teilung oft nicht so klar war; Heiden und Philosophen überschnitten sich und auch die Juden waren unter den beiden anderen Gruppen vermischt.

Unter dem Heidentum verbargen sich eine Menge von Glaubensrichtungen und Bräuchen, angefangen vom ländlichen Animisten, der in jedem Stein und Baum seinen Gott sah, bis zum angesehenen und kultivierten Polytheisten, dessen zahlreiche Götter und Hunderte von Legenden alle seinem Standesdünkel dienten. Sogar die Kaiser riefen sich selbst als Götter aus. Magie und alle Formen des Okkultismus waren weit verbreitet. Abergläubische Zaubersprüche und Talismane waren beliebt.

Die Philosophen liebten Menschenweisheit und setzten voraus, der Mensch sei – mit oder ohne die Götter – imstande, den Sinn des Lebens zu finden und sein eigenes Schicksal zu meistern. Die Philosophen des Römischen Reiches wetteiferten darin, einander zu widersprechen und haben heute alle ihr neuzeitliches Gegenstück. Die Kyniker, inspiriert von Antisthenes, hatten alle überkommenen Konventionen und Traditionen verworfen und lebten einen ungehobelten Individualismus (z. B. der in einer Tonne lebende Diogenes). Sie gingen ihren eigenen Weg und scherten sich wenig darum, was andere dachten. Sie schockierten die ältere Generation.

Die Anhänger Platos waren Intellektuelle, die darauf vertrauten, dass ihre eigene Weisheit und Intelligenz sie erlösen werde. Die Gnostiker rühmten sich ihrer speziellen inneren Erleuchtung und Einsicht, während die Skeptiker alle Moralmaßstäbe dem letztgültigen Test der persönlichen Erfahrung unterzogen. »Wenn es dir Spaß macht, ist es o.k.«, lautete ihr Motto. Das ganze Reich war ein Gewirr von Stimmen und Ideen. Man konnte an einem x-beliebigen Tag aufs Forum gehen, wie z. B. auf den Areopag in Athen, und den Philosophen zuhören, die ihre Weisheiten öffentlich verkündeten und ihre Unwissenheit verbreiteten.

Die Juden waren gespalten. Natürlich warteten die meisten Juden auf einen Messias und die meisten glaubten an die Auferstehung und an Geistwesen, aber die Sadduzäer verwarfen alles Übernatürliche als unvernünftigen Unsinn. Die meisten glaubten an die Gnade Gottes und an Sündenvergebung, doch die Pharisäer hatten Religion reduziert auf Rechtfertigung durch Gehorsam gegenüber ihren pedantischen Auslegungen des Gesetzes. Für sie kam es an auf eine strenge Einhaltung der Regeln – ihrer Regeln – aus eigener Kraft. Die Juden waren sich noch nicht einmal über die Schriften einig. Neben dem Alten Testament studierten die Pharisäer mit großer Verehrung die Lehren ihrer Väter. Die Sadduzäer hingegen akzeptierten das Alte Testament nur zum Teil (das Gesetz) als endgültige Autorität und lehnten den Rest (die »Schriften« und die Propheten) als wenig wertvoll ab. Einige Juden, wie z.B. die Essener, kapselten sich von der Gesellschaft ab und andere, wie z.B. die Zeloten, operierten als extremistische Terrorgruppen. Die Zeloten waren völlig gegen die Sadduzäer, die Hand in Hand mit der römischen Besatzungsmacht kooperierten. Das Judentum des 1. Jahrhunderts war eine komplexe Mischung aus Tradition und Philosophie, von Konservativen und Liberalen.

Wie in aller Welt sollten die ersten Christen das Evangelium in einer solchen Gesellschaft verbreiten? Ein heute beliebter Ausdruck ist das Wort »Kommunikation«. Wenn einer Gemeinde geistliche Kraft fehlt, liegt das angeblich immer an ihrer Unfähigkeit, das Evangelium auf relevante und effektive Weise zu vermitteln; sie kann ihre Botschaft nicht »kommunizieren«. Darauf reagiert die Gemeinde mit einer aufgeregten Suche nach neuen Methoden. Dabei treten leider oft zwei Extreme zutage. Einerseits wird der Inhalt der Botschaft abgewandelt und so verwässert, dass sie für Leute von heute schmackhaft ist. Als Ergebnis stehen Männer auf der Kanzel, die etwas sagen, aber nichts zu sagen haben. Sünde und Jenseits, Buße und Versöhnung, Heiligkeit und Hölle bekommen entweder eine neue Bedeutung verliehen oder werden stillschweigend unterschlagen. Auf der anderen Seite – und das ist die besondere Tragödie der Evangelikalen heute – wird Predigt nahezu über Bord geworfen. Sie wird reduziert auf ein kurzes Nachwort am Ende eines glanzvollen Spektakels mit Musik, Theater, Show und Tanz. An die Stelle der Predigt treten Programme, Konzerte, Aufführungen, Beschallungsanlagen, Aktionsgruppen, Scheinwerfer und ein blendendes Drumherum. Unter dem brillanten Glanz der Darbietungen ist das Evangelium an sich oft wie verborgen.

Im 1. Jahrhundert gelang es einer kleinen unbedeutenden Gruppe nicht besonders gebildeter Leute, mit ihrer offensiven Botschaft der Auferstehung eines als kriminell verurteilten Gekreuzigten sowohl gebildete Juden als auch intellektuelle bzw. traditionsversessene Heiden zu erreichen! Sie sprachen noch nicht einmal die Sprache ihrer ersten Zuhörer. Paulus gab zu, dass die ganze Sache eine törichte Unmöglichkeit war (1Kor 1,23). Doch sie machten es und stellten die Welt auf den Kopf. Der gesamte Lauf der Geschichte wurde damals aus den Angeln gehoben.

Kommunikation war nicht ihr Problem und sollte nicht das Problem der Gemeinde von heute sein. Kommunikation war nie ein Problem für eine geistlich lebendige und evangelistisch eifrige Gemeinde. Bei all unseren heutigen Bemühungen erreichen wir kaum den Enthusiasmus und die Effektivität der Gemeinde des 1. Jahrhunderts. Die Gesellschaft von heute gleicht der damaligen in bemerkenswerter Weise, was Herz und Denken betrifft, nur das äußere Bild hat sich gewandelt. Und unsere Botschaft sollte sich überhaupt nicht gewandelt haben, denn noch immer gilt: »Kein anderer Name unter dem Himmel ist den Menschen gegeben, in dem wir gerettet werden müssen« (Apg 4,12). Irgendwie waren es offenbar *sie*, die die bessere Kommunikationsmethode für das Evangelium hatten, und diese Methode steht auch uns noch zur Verfügung. Die ersten Christen evangelisierten das Römische Reich mit der effektivsten Waffe des Predigens, und sie beeinflussten die Gesellschaft so enorm, dass sie das Gesicht des ganzen Reiches veränderten. Die Gefahr heute besteht darin, dass die Welt das Gesicht der Gemeinde verändert!

Die Bedeutung von »Predigt«

Wenn man Predigt als zentrales Mittel der Evangeliumsverkündigung bezeichnet, werden stets Stimmen laut, die in Frage stellen, dass das Wort damals dasselbe bedeutete wie heute. Nach zweitausend Jahren Kirchengeschichte habe dieser Ausdruck angeblich eine spezielle und beschränkte Bedeutung angenommen, die zur Zeit von Petrus und Paulus nie beabsichtigt war. Über die heute gängige Bedeutung dieses Wortes kann letztlich wenig Zweifel bestehen. Es stammt von dem lateinischen *praedicare*, »verkünden, ausrufen«, das im religiösen Kontext so viel bedeutet wie »über ein religiöses Thema predigen oder referieren«. Im Alltag sagen wir, dass jemand »predigt«, wenn er auf sein Lieblingsthema zu sprechen kommt und alle Leute in seiner Reichweite im Brustton autoritativer Überzeugung belehrt. Der »Prediger« und die »Predigt« gehören zusammen und niemand ist sich heute sonderlich unsicher über die Bedeutung dieser Worte. Aber kommt das Wort »predigen« im Neuen Testament vor? Und wenn ja, was bedeutet es dort? Das muss sicherlich eine entscheidende Frage für uns sein, wenn wir wissen wollen, wie die Christen des ersten Jahrhunderts das Evangelium verbreiteten.

Im Neuen Testament gibt es eine ganze Reihe von Wörtern für das Verkündigen der Heilsbotschaft. Wer wirklich wissen will, was die Jünger Jesu während der dreißig Jahre der Apostelgeschichte taten, sollte nun aufmerksam folgen, wenn wir diese Wörter untersuchen werden. Wenn die Urgemeinde etwas anderes tat, als das, was diese Wörter bedeuten, wird es uns für immer verborgen bleiben, und wenn sie mehr taten, war es offensichtlich nicht wert, vom Heiligen Geist überliefert zu werden, damit wir uns daran orientieren.

Wir wissen, dass die Christen des 1. Jahrhunderts *Zeugen* waren (Apg 1,8) und als solche konnten sie fest ihre persönliche Kenntnis dessen bezeugen, wofür sie eintraten. Sie *redeten* die Wahrheit außerdem *freimütig* (Apg 18,26; 19,8). Sie verfolgten das Ziel, ihre Zuhörer davon zu *überzeugen*, ihr Denken über Christus zu ändern (Apg 18,4; 28,23). Paulus wurde mehr als einmal aufgefordert, seinen Glauben zu *verteidigen* (Apg 22,1; 25,8; 26,1.24; Phil 1,7.16). Petrus ermuntert die Christen, ebenfalls stets dazu bereit zu sein, Rechenschaft für ihren Glauben zu geben (1Petr 3,15), und unser Herr warnte vor solchen Situationen (Lk 21,14). Diese Verteidigung, von dessen griechischem Wort unser Fremdwort »Apologetik« abstammt (die Lehre von der Verteidigung des Glaubens) bedeutet, falsche Anschuldigungen abzuweisen und den eigenen Glauben sinnvoll darzulegen. Diese vier Wörter – zeugen (*martyreo*), freimütig reden (*parasiazomai*), überzeugen (*peitho*) und verteidigen (*apologeomai*) – kommen im Neuen Testament nur sparsam vor und geben uns mehr Aufschluss über die Art und Weise, wie die ersten Christen sprachen, als über ihre Methoden. Nur drei Wörter werden im NT häufig und daher maßgeblich für das verwendet, was die ersten Christen taten.

1. lehren – *didasko*

Dieses Verb kommt in den Evangelien fast fünfzig Mal vor und beschreibt die Tätigkeit Christi. Auch in der Apostelgeschichte findet es sich oft (z.B. 4,2; 5,21; 18,25; 21,28 etc.). Der Lehrer war im 1. Jahrhundert ein bekanntes Tätigkeitsbild, sei es als Sklave oder als Freier, und seine verschiedenen Pflichten und Fähigkeiten waren gut bekannt. Gelehrt wurde durch formalen Unterricht und es wurden keine anderen Methoden verwendet als die herkömmliche Rolle der Schüler-Lehrer-Beziehung. Der jüdische Rabbi und der griechische Philosoph waren beide Lehrer und ihre Methode bestand fast immer darin, die Schüler, die zu ihren Füßen oder auf den harten Bänken saßen, mündlich zu unterrichten.

Eine Lehrmethode beschreibt das Wort *dialegomai*, das »diskutieren« bedeutet. Normalerweise gehörte dazu ein Vortrag des Lehrers, der zu einer Diskussion führte. Üblich wurde das formal und öffentlich ausgeübt, aber das Wort kann auch eine private und formlose Diskussion bzw. ein Gespräch bezeichnen (z.B. in Mk 9,34). *Dialegomai* war die von Paulus bevorzugte Lehrmethode in den jüdischen Synagogen. An mehreren Stellen der Apostelgeschichte wird diese Methode zur Evangelisation verwendet (Apg 17,2.17; 18,4.19; 19,8). In Apostelgeschichte 20,7.9 beschreibt es, wie Paulus die Christen in Troas unterrichtet. In Apostelgeschichte 24,25 sprach Paulus zum Statthalter Felix, der ihn geschickt unterbrach, bevor die Diskussionsrunde überhaupt eröffnet wurde!

2. als Evangelium verkündigen – *euangelizo*

Dieses Wort ist ein großer Sammelbegriff für all das, was die ersten Christen taten. Wörtlich bedeutet es »gute Botschaft bringen oder verkünden«. Timotheus brachte Paulus in Korinth einfach gute Nachrichten über die Thessalonicher (1Thes 3,6). Die vielleicht beste Illustration für dieses Wort findet sich in Apostelgeschichte 8,4: »Die Zerstreuten nun gingen umher und verkündigten das Wort.« Wortwörtlich steht im Grundtext dieses Verses, dass diese verfolgten Christen das Wort »evangelisierten«, d.h. sie evangelisierten *mit* dem Wort. In Vers 35 desselben Kapitels lesen wir, dass Philippus dem Äthiopier »das Evangelium von Jesus verkündigte«, was wörtlich heißt »ihm Jesus evangelisierte«. Das hört sich etwas seltsam an, aber ich möchte damit nur herausstellen, dass das Wort *euangelizo* selten etwas über die *Methode* sagt, sondern fast immer auf den *Inhalt* hinweist. Diese Christen verkündeten also »das Wort« bzw. »Jesus«. In Epheser 2,17 schreibt Paulus, dass Jesus kam und »Frieden verkündete (*euangelizo*)« und in 3,8 kam Paulus selbst, um »den unausforschlichen Reichtum des Christus zu verkündigen (*euangelizo*)«. Doch zurück zur Apostelgeschichte. Dort verkündeten (»evangelisierten«) sie Frieden (10,36), das Wort (15,35) und Jesus und die Auferstehung (17,18). In allen Fällen verrät uns der Ausdruck nichts über die Methode, wie die jeweilige Botschaft kommuniziert wurde. Wie können wir also herausfinden, welche Methode von der Urgemeinde verwendet wurde? Die Antwort ist, wir können es nicht, es sei denn, die Schreiber des Neuen Testaments haben ein weiteres Wort verwendet, um die Praxis der Verkündigung zu beschreiben. Glücklicherweise ist das der Fall.

3. predigen – *kerysso*

Das ist ein sehr wichtiges Wort und deshalb müssen wir uns damit etwas länger befassen als mit den vorherigen Begriffen.

In Römer 10,15 schreibt Paulus beim Entfalten seines Themas von denen, die »Gutes verkündigen«, d.h. die die frohe Botschaft verbreiten. Um dieses Evangelisieren zu beschreiben, verwendet Paulus zweimal ein äußerst bedeutsames Wort, und zwar im Vers zuvor und am Anfang dieses Verses: »Wie aber sollen sie hören ohne einen *Prediger*? Wie aber sollen sie *predigen*, wenn sie nicht gesandt sind?« Hier steht nicht das Wort *euangelizo*, sondern *kerysso*, was bedeutet »wie ein Herold verkündigen«. Um es von *eu-*

angelizo zu unterscheiden, werden wir es hier nicht mit »verkündigen« übersetzen, sondern mit »predigen«.

Wir werden uns gleich die faszinierende Geschichte dieses Wortes ansehen. Zuvor müssen wir jedoch beachten: Als Paulus uns erklären will, wie Leute evangelisiert werden sollen, die das Evangelium noch nie gehört haben, sagt er »predigen« (*kerysso*). Bezeichnenderweise ist dies auch das Wort, mit dem Paulus seine Arbeit unter den Korinthern beschrieb (1Kor 1,21; 2,4). Beim tatsächlichen Aufenthalt von Paulus in Korinth (Apg 18) wird jedoch weder *euangelizo* noch *kerysso* verwendet. Er »unterredete sich« (18,4), »bezeugte« (V. 5) und »wurde durch das Wort bedrängt« (V. 5), was bedeutet, dass er sich ganz dem Wort widmete. »Wort« (*logos*) hat verschiedenen Bedeutungen, und da Paulus vom Wort bedrängt oder völlig in Beschlag genommen wurde, ist es für uns sehr wichtig zu wissen, was er tat, weil er offensichtlich nichts anderes tat! Das ist eine entscheidende Beobachtung, die zu einer wichtigen Schlussfolgerung mit Konsequenzen führen wird.

Das griechische Substantiv *logos* kann ein einzelnes Wort bedeuten, doch in diesem Sinne wird es im NT selten verwendet. Häufiger meint es eine Aussage oder auch das Treffen einer Aussage. Diese Aussage oder Botschaft kann in Form einer Geschichte, Ansprache, Erklärung, Berichterstattung etc. übermittelt werden. Sie kann schriftlich sein, ist aber meistens mündlich. Im Allgemeinen bestimmt der Kontext, was *logos* jeweils genau bedeutet. Es wird natürlich für Gottes offenbartes Wort an uns verwendet und ist auch der Titel Christi im ersten Vers des Johannesevangeliums.

Logos ist ein aktives Wort, und abgesehen von den wenigen Stellen, wo es sich auf schriftliche Dokumente bezieht (z. B. Apg 1,1, »der erste *Bericht*«), bezieht es sich stets auf eine mündliche Mitteilung; *logos* ist das mündlich verkündete Wort. Beispiele für diesen aktiven Gebrauch von *logos* sind:

- Epheser 1,13: »… nachdem ihr das Wort der Wahrheit gehört habt«
- 1. Timotheus 5,17: »Die Ältesten … die in Wort und Lehre arbeiten«
- 1. Thessalonicher 2,13: »als ihr von uns das Wort der Kunde von Gott empfingt«

Daher kann Apostelgeschichte 18,5 korrekt übersetzt werden: »Paulus wurde von der Botschaft in Beschlag genommen.« Was aber machte er mit der Botschaft? Die Korinther selbst erinnert er daran, dass er ihnen »Rede« (*logos*) und »Predigt« (*kerygma*) brachte (1Kor 2,4). Paulus meinte, dass die Verkündigung seiner Botschaft so wichtig war, dass er sich weigerte, irgendetwas anderes zu tun. Er beschränkte sich darauf; es war seine eine, große Methode. Er hatte keine andere.

Deshalb müssen wir nun das Wort *kerysso* untersuchen. Dieser Begriff berechtigt uns, der Predigt eine zentrale Rolle zu geben, doch viele behaupten, wir würden mit dem Wort *kerysso* zu viel beweisen. Wie können wir sicher sein, dass Paulus mit diesem Wort genau das meinte, was wir unter Predigen verstehen? Vielleicht hatte er ja eine allgemeinere, lockerere Definition, die eine Vielfalt von Methoden der Botschaftsverkündigung mit einschließen könnte.

Der Herold

Das Substantiv *keryx*, der Herold, hat eine lange und gut dokumentierte Geschichte, was uns die Aufgabe sehr erleichtert, die genaue Bedeutung zurückzuverfolgen.[133] Dieses Wort kommt neunzig Mal in den Schriften Homers vor, der einige hundert Jahre vor Christus schrieb. Der Herold war ein Würdenträger am Königshof und bekleidete eine angesehene Stellung. Als Zeichen seiner königlichen Einsetzung trug er ein Zepter und war ein Ehrenbürger und Freund des Königs. Obwohl er einen so hohen Posten hatte, arbeitete er erstaunlicherweise auch als Diener, servierte seinem Meister den Wein, bereitete sein Bad, bediente die Gäste, rief sogar den Arzt und warnte vor nahender Gefahr.

In der Zeit nach Homer erfüllte er ähnliche Pflichten, war jetzt jedoch ein Staatsdiener. Er war bekannt als Herold der Mysterien, Herold der Spiele, der Feste oder des Marktes; besonders bekannt war der Herold des Areopags. Der Herold eröffnete öffentliche Versammlungen mit Gebet, betete zu den Mahlzeiten und amtierte bei öffentlichen Opferungen – er sprach sogar anstelle des Opfertieres. Er kam mit amtlichen Bekanntmachungen in die Stadt wie ein Ausrufer und fungierte sogar als Auktionator auf dem Markt.

In der griechischen Mythologie verbreiteten besondere Herolde die Botschaften der Götter. Hermes, der geflügelte Bote, war ein solcher Herold. Mit der Zeit wurden alle Herolde als »Götterherolde« bekannt. Diplomaten sandten bei schwierigen Missionen oft einen Herold voraus, weil jedermann wusste, dass es den Zorn der Götter herabrufen würde, wenn man einem Herold etwas antäte. Die stoischen Philosophen waren als Herolde bekannt, weil sie göttliche Geheimnisse offenbarten; sie waren als Boten Gottes gesandt, um den Menschen zu zeigen, dass sie moralisch in die Irre gegangen sind.

Für jeden Herold gab es zwei grundlegende Qualifikationen. Erstens musste er eine gute Stimme haben, von klarem Klang und laut genug, um im Gerichtssaal die Ordnung zu wahren. Wenn er notgedrungen zur Trompete greifen musste, war er ein schlechter Herold! Bei den griechischen Festen bestritten die Herolde Wettkämpfe um die größte Lautstärke und die klarste Aussprache. Als zweite Qualifikation musste der Herold ehrenhaft und zuverlässig sein. Jeder wusste, dass der Herold anfällig war für die Versuchungen, sich selbst wichtig zu nehmen und zu übertreiben. Er musste seine Botschaft getreu wiedergeben. Ein berühmter Redner des Altertums erklärte: »Es ist notwendig, dass der Herold die Wahrheit sagt, wenn er im Theater den Griechen eine Proklamation macht.«[134] Plato fasste die Rolle des Herolds so zusammen: »Der Herold empfängt die Gedanken anderer als Offenbarungen und gibt die Offenbarungen ein zweites Mal weiter an andere.«

Es ist hilfreich, wenn wir uns ein wenig mit der Geschichte des Wortes »Herold« (*keryx*) befassen, weil uns das bei unserem Bibelstudium nützlich sein wird. Das Judentum war offenbar nicht mit dem festen Amt des griechischen Herolds vertraut, wenngleich die in 2. Chronik 30,6 ausgesandten Kuriere eindeutig als Herolde fungierten. Eine dem Heroldsamt entsprechende Rolle hatten jedoch zweifellos die Propheten. Jesaja 61,1 ist dafür ein Beispiel: »Der HERR … hat mich gesandt, den Elenden frohe Botschaft zu bringen …« Die altgriechische Übersetzung des Alten Testaments, die im 2. Jahrhundert v. Chr. angefertigte »Septuaginta«, verwendet hier das Verb *kerysso* und übersetzt weiter unten im selben Vers: »… Freilassung zu verkünden (*kerysso*) den Gefangenen«. In gleicher Weise verwendet die Septuaginta dieses

Verb in Joel 1,14; 2,15 und 3,9, außerdem verwendet sie es für die Predigt von Jona in Jona 1,2; 3,2.4. Insgesamt kommt das Verb *kerysso* etwa dreißig Mal in der Septuaginta vor und bedeutet dort stets eine öffentliche Verkündigung.

Predigen im Neuen Testament

Im Neuen Testament finden wir dazu drei Worte einer Familie: der Herold (*keryx*), die Botschaft des Herolds (*kerygma*) und die Tätigkeit des Verkündens der Heroldsbotschaft (*kerysso*). Überraschend ist, dass *keryx* und *kerygma* – genau wie im AT – nur selten vorkommen. *Keryx* kommt nur drei Mal vor: in 2. Petrus 2,5 in Bezug auf Noah, in 1. Timotheus 2,7 und in 2. Timotheus 1,11. Hätten wir nicht das Amt des »Herolds« oder Predigers in den Gabenlisten in 1. Korinther 12 oder Epheser 4 erwartet? Warum bezeichnet Paulus sich selbst nur zweimal als »Herold«, und warum wird an keiner anderen Stelle des Neuen Testaments ein Prediger als »Herold« bezeichnet? Vielleicht deshalb, weil der Begriff bereits zu eng als Amt definiert war und die Apostel keine unpassenden Aspekte des Heroldsamtes mit ihrem Dienst in Verbindung bringen wollten – wie z. B. die Anforderung, laut und eloquent reden zu können. Schließlich sagt Paulus in 1. Korinther 2,3-4: »Ich war bei euch in Schwachheit und mit Furcht und in vielem Zittern; und meine Rede und meine Predigt bestand nicht in überredenden Worten der Weisheit, sondern in Erweisung des Geistes und der Kraft.«

Die Heroldsbotschaft (*kerygma*) kommt acht Mal im Neuen Testament vor und bezieht sich stets auf die Botschaft in Aktion. In 1. Korinther 2,4 ist die Heroldsbotschaft (»Predigt«) mit ihrer Verkündigung verbunden; gleiches gilt für 2. Timotheus 4,17. In Titus 1,3 muss die »Predigt« als in Aktion verstanden werden. Auch in 1. Korinther 1,21 bezieht sich »die Torheit der Predigt« auf die aktiv verkündete Botschaft.[135] Der Ausdruck kann auch übersetzt werden mit »die Torheit der gepredigten Botschaft«.

Das Verb *kerysso* kommt aus dieser Wortfamilie am häufigsten im Neuen Testament vor. Zwanzig Mal wird es *für* Jesus verwendet und fünf Mal *von* ihm. Dies ist das wichtigste Wort in seinem ganzen Wirken während der Zeit seines irdischen Dienstes. In

Markus 1,38 nötigt er seine Jünger, um den wunderhungrigen Volksmengen zu entgehen: »Lasst uns anderswohin in die benachbarten Marktflecken gehen, damit ich auch dort predige; *denn dazu bin ich ausgegangen.*« In Lukas 4,18 sagt er, dass er der wahre Herold aus Jesaja 61,1 ist. Und in Matthäus 11,1 wird Jesu Dienst mit »lehren und predigen« beschrieben.[136]

In der Apostelgeschichte kommt *kerysso* neun Mal vor, und auch Paulus verwendet es in fast allen seinen Briefen – außer in dreien.

Damit sind wir wieder an unserem Ausgangspunkt unserer Untersuchung von *kerysso* angelangt, dem wichtigen Vers Römer 10,15. Dort spricht Paulus vom Auftrag der Evangeliumsverkündigung und verwendet ein Wort mit reichhaltiger Bedeutung. Neutestamentliches Predigen hatte nur eine Bedeutung und Paulus hatte sich dieser Tätigkeit völlig geweiht. Er war ein Mann unter göttlicher Verpflichtung (1Kor 9,17); er war ein Bote Gottes. Deshalb wurde er in Korinth völlig vom Verkündigen seiner Botschaft in Beschlag genommen (Apg 18,5; 1Kor 1,21; 2,4). Er kannte keinen anderen auch nur halb so effektiven Weg, und außerdem war er zu nichts anderem bevollmächtigt. Zweimal bezeichnet Paulus seinen Dienst als »Herold [Prediger], Apostel und Lehrer« – in dieser Reihenfolge (1Tim 2,7; 2Tim 1,11). Er war ein Herold Gottes, des souveränen, allmächtigen Gottes, und das verlieh seinem Amt Autorität und Würde. Weder hätte Paulus sich zu etwas Geringerem herabgelassen, noch hätten die Christen jener Zeit von ihren Predigern etwas anderes gewollt. Sie glaubten an die Torheit vollmächtigen Predigens und wollten keine Alternativen oder Beigaben.

Robert Mounce betont die Dringlichkeit des Predigens: »Predigen ist kein entspanntes Nacherzählen interessanter, aber moralisch neutraler Ereignisse.«[137] Predigen war stets kraftvoll, fordernd und dringlich. Aus diesem Grund führten fast alle Predigten der Apostelgeschichte entweder zu Erweckung oder Empörung, zu Bekehrung oder Widerstreit.

Es kann kein Zweifel bestehen, dass das Neue Testament Predigen als *die* Evangelisationsmethode darstellt, der die Apostel und die Urgemeinde sich gänzlich widmeten. Robert Mounce hat Recht, wenn er behauptet: »Wir können die Predigt nicht länger als lediglich eines von vielen Mitteln zur Kommunikation der christlichen Lehren betrachten. Ebenso wenig können wir weiter über das Predigen debattieren gemäß der allgemeinen Gesetze, von der jede Propaganda bestimmt ist.«[138] Beim Predigen ist Gott in Aktion; es ist seine erwählte Methode und daher jene, die er mehr als jede andere segnen wird.

Wenn der Herold sprach, tat er das mit königlicher Autorität. Ein heroldmäßiger Prediger gibt sich nicht mit gemütlicher Plauderei im vertrauten Freundeskreis ab, und seine Botschaft ist nie darauf getrimmt, sich der vorherrschenden Windrichtung des momentanen Zeitgeistes anzupassen. Die Predigt ist nicht so sehr ein attraktiver Wegweiser zum Kreuz, als vielmehr der donnernde Befehl, zu diesem Kreuz zu gehen; sie ist kein komfortabler Diskurs über Gott, sondern die Stimme Gottes, die zum Menschen durchbricht. Wir gehen nicht zu weit, wenn wir behaupten, dass das Predigen ein Teil von Gottes Erlösungshandeln ist. Predigen ist der Weg – nicht der einzige, aber sicher der wichtigste Weg – wie Gott sein Heil den Menschen mitteilt. Die Predigt ist Gottes Medium der Gnade. Die ersten Christen wussten das, und sie kannten kein besseres Medium. Nichts war so effektiv, so herausfordernd und so unmittelbar. Die Predigt konfrontiert die Menschen dort, wo sie sind, und der Prediger reagiert und interagiert gegenüber einer lebendigen Zuhörerschaft. Nichts anderes, sei es Tanz, Theater oder ein anderes modernes Kunstmedium, kann so direkt, flexibel und wirkungsvoll sein, wie die »in Erweisung des Geistes und der Kraft« vorgetragene Predigt (1Kor 2,4). Paulus bat seine Leser nur selten um Fürbitte, doch wenn er es tat, wusste er genau, wo er Gebet nötig hatte. Nie ermunterte er die Gläubigen, um Bekehrte zu beten; er hatte ein größeres Anliegen: Gebet für die Predigt.

> Betet … auch für mich, damit mir Rede verliehen werde, wenn ich den Mund öffne, mit Freimütigkeit das Geheimnis des Evangeliums bekannt zu machen (Eph 6,19)
>
> Betet zugleich auch für uns, dass Gott uns eine Tür des Wortes öffne, das Geheimnis des Christus zu reden (Kol 4,3).
>
> Übrigens, Brüder, betet für uns, dass das Wort des Herrn laufe und verherrlicht werde (2Thes 3,1).

Paulus und alle Christen seiner Zeit wussten: Das wirksamste Gebet um die Bekehrung von Sündern ist das Gebet für die Verkündigung der Botschaft. Evangelistisches Gebet fing bei der Predigt an.

Wie bereits gesagt, ist und war Kommunikation nicht das Problem der Gemeinde. Eine schwache und wirkungslose Gemeinde meint, das sei ihr Problem und greift zu allen möglichen Methoden, um dieses wahrgenommene Bedürfnis zu beheben. Kommunikation ist nicht das Problem der Gemeinde, denn die Kommunikation des Evangeliums ist keine kulturelle, sondern ein theologische Sache. Deshalb ist Kommunikation nicht unsere Sache, sondern Gottes! Robert Mounce drückt das klipp und klar aus: »Gott spricht, doch der Mensch hält sich die Ohren zu.«[139] Paulus formuliert es theologischer: »Bei den Ungläubigen hat der Gott dieser Welt den Sinn verblendet, damit sie den Lichtglanz des Evangeliums von der Herrlichkeit des Christus, der Gottes Bild ist, nicht sehen« (2Kor 4,4). Wie kann ein Mensch andere Menschen aus einer solchen geistlichen Blindheit retten? Sollen wir tanzen? Oder sollen wir Gottes offenbarte Vorgabe befolgen – und predigen?

Leider leben wir in der Zeit, wo die Predigt im Niedergang begriffen ist. Dafür gibt es viele Gründe. Zum Teil liegt es daran, dass in vielen unserer Gemeinden wirklich hohle Predigten dazu geführt haben, dass auch die geduldigsten Zuhörer abschalteten. Sam Keen spricht leider für viele: »Worte haben ihre Zeit. Sie dauerte von der Reformation bis in die Gegenwart. Jetzt sind wir es satt, in Ozeanen von Wortergüsse ertränkt zu werden.«[140] Welch tragisches Bekenntnis! Irgendetwas muss katastrophal schief gegangen sein, wenn unsere heutigen Herolde des Evangeliums uns lediglich mit »Ozeanen von Wortergüssen« überschütten. Die Folge davon ist, dass die Gemeinde heute ihr Vertrauen in ihren göttlichen Auftrag verloren hat. In manchen Kreisen wird die Predigt durch künstlerische Vorführungen ergänzt; in anderen Kreisen werden solche Vorführungen durch eine Predigt ergänzt und in wieder anderen wurde die Predigt ganz über Bord geworfen. Doch aufgrund des biblischen Mandats zum Predigen ist die Predigt nicht bloß eine Alternative; ganz im Gegenteil ist sie elementar wichtig für die Gesundheit und das Fortbestehen der Gemeinde.

René Padilla übertreibt nicht mit seiner Behauptung: »Predigen ist für die Gemeinde weiterhin so unvermeidbar wie das Brennen fürs Feuer. Wenn die Gemeinde jemals zu predigen aufhört, hat sie aufgehört, Gemeinde zu sein.«[141] Diese Aussage müssen wir sehr ernst nehmen. Es reicht nicht, sich mit den Lippen zur Wichtigkeit des Predigens zu bekennen; es muss erkennbar sein, dass die Predigt im Zentrum unserer Evangelisation steht. Und wenn unser heutiges Predigen nicht besser ist als ein »Ozean von Wortergüssen«, ist es keine Lösung, das Predigen zu verwerfen, sondern dann müssen wir um bessere Prediger ringen und beten. Wenn die Gemeinde geistlich gesund war, dann war Predigt stets sowohl Ursache als auch Wirkung dieses gesunden geistlichen Lebens. Dies ist keine Sache der persönlichen Meinung, kirchlichen Tradition oder blinder Dogmatik. Wir reden hier vom Grundelement der Gemeinde, dem Grundelement ihres Lebens und ihrer Gesundheit. Padilla hatte sehr Recht: »Wenn die Gemeinde jemals zu predigen aufhört, hat sie aufgehört, Gemeinde zu sein.«

Kapitel 8

Lasst die Posaune erschallen!

Die Gemeinde wurde bei einem Gebetstreffen gezeugt und bei einer Predigt geboren (Apg 2). Das sollte uns etwas über Gottes Auftrag zu sagen haben, wie wir für sein Reich wirken sollen. Während der ganzen Kirchengeschichte hat sich die Predigt als Barometer für den geistlichen Zustand des Volkes Gottes erwiesen. Wenn die Gemeinde oder ein Teil von ihr geistlich florierte, war die Predigt stets kraftvoll und lebendig. Wann immer die Gemeinde oder ein Teil von ihr aus einer Flaute heraus wieder in Schwung kam, war es die Predigt, die wie frischer Wind auf schlaffe Segel wirkte. Andererseits war das Fehlen nennenswerter Predigten ein Kennzeichen von abfallenden und einschlafenden Kirchen.

Eine gute Predigt ist nicht einfach eine großartige Rede. Klingendes Silber und eine prophetische Stimme sind zwei sehr verschiedene Dinge. Geistliche Kraft und Autorität haben wenig mit Redegewandtheit und Rhetorik zu tun. Von der Redekunst Königin Elizabeths I. wird gesagt, dass niemand genau sagen konnte, was sie eigentlich meinte, aber sich alle einig waren, dass es sich lohnte, ihr zuzuhören! Rhetorik ist nicht Predigt; Rhetorik zielt auf Eindruck ab, die Predigt auf Wirkung. Winston Churchill beschuldigte einmal Ramsey Macdonald der Gabe, »aus dem kleinstmöglichen Gedanken die größtmögliche Menge von Worten zu machen«. So predigt man nicht; die Predigt ist keine langatmige Darlegung der eigenen Unwissenheit, oder wie Sam Keen sagte, ein »Ozean an Wortergüssen«. Die Predigt ist weder ein Vortrag noch eine mit großer Gelehrsamkeit dargelegte Doktorarbeit, noch das Toben und Rasen eines aufgeregten Narren. Nicht jeder theologische Diskurs auf einer Kanzel ist eine echte Predigt.

Was aber ist dann Predigen? Was ist diese Sache, die so unvermeidbar für die Gemeinde ist und das Wesen der Gemeinde so sehr prägt? Was ist das für ein seltsames Phänomen, ohne das die Gemeinde stirbt und durch das sie lebt? Einfach gesagt, ist

Predigen das Reden Gottes durch Menschen zu Menschen. Das unterscheidet Predigen von gutem Rat, weisen Sprüchen oder beeindruckenden Vorträgen. Die Predigt kann all dies beinhalten und sogar alle Elemente von brillanter Rhetorik und Kommunikationskunst umfassen, aber eine wahre Predigt ist noch mehr.

Im vorigen Kapitel haben wir gesehen, dass das Wort für »Prediger« im Neuen Testament dem griechischen Begriff für »Herold« entlehnt wurde – ein Prediger ist ein Herold Gottes. Predigen ist das Wunder, dass Gott sich einer gefallenen Welt durch gefallene Menschen mitteilt. Predigen ist ein Wunder; es ist ein übernatürliches Ereignis. Es ist das ehrfurchtgebietendste Geschehen, das Menschen erleben können, weil Gott sich dabei mitteilt – und zwar nicht nur seine Worte oder Gedanken, sondern sich selbst. Deshalb kann jemand Teil einer Versammlung von Tausenden Gläubigen sein und doch hinterher sagen: »Gott hat zu *mir* gesprochen.« Er kommt sich vor, als sei er der einzige Zuhörer und die Predigt berühre sein Leben treffend an jedem Punkt. Das Wunder jedoch ist, dass Hunderte anderer Zuhörer genau dasselbe meinen. Wir behaupten nicht, dass Prediger unfehlbar sind, aber dass eine echte Predigt inspiriert ist. Das ist das große Endprodukt jeder Predigt: Sie muss die Leute zum Handeln inspirieren.

Jonathan Edwards war vor über 250 Jahren Prediger in Neu England in Amerika und wohl der bedeutendste Philosoph und Theologe, den Nordamerika jemals hervorgebracht hat. Er behauptete, das vorrangige Ziel des Predigens ist, eine Wirkung hervorzurufen. Das mag sich zu simpel anhören, aber es trifft die Sache ziemlich gut. Wahres Predigen richtet sich nie einfach an den Verstand, um diesen mit Information zu füllen; das wäre die Aufgabe eines Referenten. Die Predigt trifft über den Verstand ins Herz. Der Dichter Longfellow verstand dies, als er sagte: »Eine Predigt ist für mich keine Predigt, wenn ich kein Herzklopfen höre.« Wenn Sie nicht wissen, was Longfellow damit meinte, haben sie wohl noch nie eine echte Predigt gehört. Wenn Predigten Herzklopfen verursachen, wird niemand mehr bei Tanz und Theater Unterstützung suchen.

Augustinus zählte im 4. Jahrhundert drei Ziele der Predigt auf: »*docere, deletare, flectere*« – lehren, erfreuen, bewegen. Eine Predigt muss inspirieren und bewegen; sie zielt auf die ganze Person und auf alle Personen der Versammlung ab. Die Ziele der Predigt sind so hoch, so weit und so tief, und von ihr wird so viel erwartet, dass sie ein Wunder sein muss. Wenn eine Predigt wirklich die Mitteilung Gottes an den Menschen ist, dann ist sie wirklich ein übernatürliches Ereignis. Da die Ziele des Predigens nicht auf natürliche Weise erreicht werden können, gehört es nicht zum Bereich der Redekunst und Schauspielerei. Der wirkungsvolle Prediger Richard Baxter, der Mitte des 17. Jahrhunderts wirkte, wusste dies nur zu gut: »Es ist nicht leicht, so einfach zu sprechen, dass die Einfältigen uns verstehen, so ernstlich, dass die totesten Herzen uns spüren, und so überzeugend, dass die hartnäckigsten Royalisten zum Schweigen gebracht werden.« Charles Simeon, der vor gut hundert Jahren in Cambridge predigte, sagte, der Zweck des Predigens sei, »den Sünder zu demütigen, den Heiland zu erheben und Heiligkeit zu fördern.« Das ist nicht nur ein schwieriges Unterfangen, sondern ein unmögliches. Deshalb ist Predigen ein übernatürliches Geschehen. Gott ist dabei durch seinen Heiligen Geist am Werk.

Die Predigt hat eine lange und ehrwürdige Geschichte. Wenige der großen Prediger der Geschichte hatten eine Vorstellung von den Langzeiteffekten ihres Wirkens, und auf jeden, dessen Name die Vergesslichkeit der Geschichte überlebt hat, kommen Hunderte, die treu gepredigt haben, uns heute aber unbekannt sind.

Vor seinem Werk am Kreuz stand Predigen im Zentrum von Jesu Dienst. Nachdem er eine Zeitlang gepredigt und Wunder gewirkt hatte, wurde der Herr von den Volksmengen arg bedrängt. »Alle suchen dich« (Mk 1,37), sagten die Jünger zu ihm. Das war sicher ein günstiger Zeitpunkt, um die Massen zu versammeln und weitere Wunder zu wirken. Doch stattdessen wollte der Herr weiterziehen: »Lasst uns anderswohin gehen« (V. 38a). Warum? Der Herr begründet es selbst: »… damit ich auch dort predige; denn dazu bin ich ausgegangen« (V. 38b). Christus bezeichnete sich selbst als Herold: »damit ich auch dort predige (*kerysso*).« Das war seine Absicht; das war der wichtigste Bestandteil seines Dienstes: nicht das Heilen und Wunderwirken, sondern das Predigen. Deshalb übergab er denselben Auftrag an seine Jünger: »Geht hin in die ganze Welt und predigt (*kerysso*) das Evangelium der ganzen

Schöpfung!« (Mk 16,15). Die Apostel führten diesen Auftrag gehorsam aus: »Jene aber zogen aus und predigten überall« (V. 20).

Auch Paulus empfing denselben Auftrag. Kurz nach seiner Bekehrung lesen wir: »Und sogleich predigte (*kerysso*) er in den Synagogen Jesus, dass dieser der Sohn Gottes ist« (Apg 9,20). Etwa dreißig Jahre später, als er im Gefängnis auf seine Hinrichtung wartete, gab er diesen Auftrag an Timotheus weiter: »Predige das Wort« (2Tim 4,2). Dann wurde dieser Auftrag der nachapostolischen Gemeinde anvertraut. In seiner *Apologie* beschreibt Justin etwa 150 n. Chr. den Gottesdienst der damaligen Christen. Sie versammelten sich »am Tag, welcher der Tag der Sonne genannt wird« und lasen die Schriften der Apostel und Propheten: »Dann endet der Vorleser und der Vorsteher spricht, ermahnt uns und fordert uns auf, diese vorzüglichen Beispiele nachzuahmen.«[142]

Die Frühkirche

Der wahrscheinlich vollmächtigste Prediger der ersten Jahrhunderte war Johannes Chrysostomus, dessen Name »Johannes Goldmund« bedeutet. Manche haben ihn zum »besten Prediger, der je gelebt hat« erklärt, was heute wohl schwierig nachzuprüfen ist. Chrysostomus wurde 354 n. Chr. in Antiochia geboren. Zu dieser Zeit versuchte das Römische Reich nach einschneidenden Änderungen allmählich eher »christlich« als heidnisch zu sein. Vier Jahre lang lebte Johannes ein entbehrungsreiches Leben als Mönch in der Einöde und anschließend zwei Jahre als Einsiedler. Dieses strenge Eremitenleben schadete seiner Gesundheit, und so kehrte Johannes zu seinem pastoralen Dienst in der Gemeinde von Antiochia zurück. Im Jahre 386 hielt er seine erste Predigt. Sicherlich besaß Chrysostomus eine besondere Redegabe, aber seine Predigt war mehr als das. Einige Zeitgenossen bezichtigten ihn schlechter Rhetorik und sogar der Volksaufhetzung, und sein Äußeres war sicher keine Hilfe bei seiner Verkündigung: Obwohl er eine gewisse Würde auf der Kanzel ausstrahlte, war er klein und hager – er verglich sich selbst mit einer Spinne – und sein Kopf war groß und kahl. Seine strahlenden Augen lagen tief unter einer faltigen Stirn und über fahlen, knochigen Wangen und einem zotteligen grauen Bart. Auch seine Stimme war eher dünn und schwach. Doch diese Ausnahmeerscheinung von Prediger konnte eine Kirche zum Bersten füllen, sodass die Leute sich draußen drängten und keinen Platz mehr fanden. So schwach seine Stimme auch war, zog sie die Aufmerksamkeit auf sich und hatte Autorität.

Mit seinen plastischen Veranschaulichungen zog Chrysostomus ganze Versammlungen in seinen Bann. Er konnte das lodernde Feuer der Verdammnis darstellen und in derselben Predigt große Ermutigungen austeilen. »Ich behandle in allen meinen Predigten so viele Dinge«, sagte er, »und mache sie so lebhaft, weil ich möchte, dass jeder etwas für sich mitnehmen kann und nicht mit leeren Händen heimgeht.«

Johannes legte die Schrift sorgfältig aus und wendete sie treffend aufs Leben an. Er erwartete von seinen Zuhörern, dass sie zuhörten, und tadelte sie, wenn sie es nicht taten. Als er fortlaufend das 1. Buch Mose predigte, ermahnte er an einem Sonntag einen unaufmerksamen Besucher: »Bitte hör mir zu – du gibst nicht Acht. Ich rede zu dir über die Heilige Schrift und du schaust dir die Lampen an und jene, die sie anzünden. Es ist äußerst leichtfertig, sich mehr dafür zu interessieren, was die Lampenanzünder tun, als für das, was der Prediger sagt. Schließlich zünde auch ich eine Lampe an – die Lampe des Wortes Gottes …«[143]

Am Ende war Chrysostomus – mittlerweile Bischof von Konstantinopel – zu »heiß« für den weltlichen Klerus seiner Zeit und wurde aufgrund verschiedener falscher Anschuldigungen abgesetzt und ins Exil verbannt. Als er wenige Tage später zurückgerufen wurde, waren die Leute so glücklich über seine Rückkehr, dass sie hinaussegelten, um sein Schiff zu begrüßen: »Das Meer wurde zu einer Stadt und dessen Markplatz war eine große Kirche.« Letztendlich bekamen seine Gegner die Oberhand und mithilfe der Reichstruppen wurde Johannes erneut ins Exil gezwungen. Mit seinem Weggang, so behauptet ein Zeitgenosse, »ging auch der Engel der Gemeinde mit ihm«. Als er am Ort seiner Verbannung ankam, sagten einige derer, die ihn dort empfingen: »Es wäre besser, das Licht der Sonne würde erlöschen, als dass der Mund des Johannes geschlossen wird.«[144]

Langsam wurde das Evangelium im Römischen Reich verbreitet und überquerte auch die Grenzen in die heidnische Finsternis.

Ebenso langsam ebbte auch das Predigen ab und ein zunehmend weltliches und politisches Kirchensystem sog das geistliche Leben aus der Verkündigung heraus. Statt der Bibel wurde die Kirche die höchste Autorität und oft war es das unheilige Schwert, das zur »Mission« eingesetzt wurde. Doch gab es noch einige treue Christen, die das Evangelium verbreiteten. Wahrscheinlich kam das Evangelium auf diesem Wege über das persönliche Zeugnis von christlichen Soldaten und Händlern nach England. Als Augustin von Canterbury 597 nach Thanet in Kent kam, um König Ethelbert und die Angelsachsen zu bekehren, hatte sich das Evangelium schon seit mindestens dreihundert Jahren auf den britischen Inseln verbreitet.

Hier ist nicht der Platz für eine ausführliche Darstellung der Kirchengeschichte, doch als die Kirche mehr und mehr ein organisiertes System und weniger geistlich wurde, mehr tot als lebendig war, verlor das Predigen immer mehr an Bedeutung. In Kapitel 2 haben wir gesehen, dass liturgische Zeremonien dieses Vakuum füllten und schließlich sogar Mirakelspiele Einzug hielten. Die beiden großen Wanderorden, die Franziskaner und die Dominikaner, waren predigende Mönche, die versuchten »Häresie durch eine Wiedereinführung des Predigens zu bekämpfen und dazu ein einfaches Leben wie die Apostel führten.«[145] Franziskus ermahnte seine Brüder, »dass sie in der Predigt, die sie halten, wohlbedacht und lauter reden sollen zum Nutzen und zur Erbauung des Volkes«.[146] Doch das war erst im 13. Jahrhundert, und zu jener Zeit war wahres Predigen bis auf wenige Ausnahmen so gut wie erloschen. Als Petrus Waldes von Lyon – vermutlich der Gründer der Waldenser – sich bekehrte, »verkaufte er seine ganze Habe … gab das Geld den Armen und bemächtigte sich des apostolischen Amtes, indem er das Evangelium predigte«. [147] So schreibt es einer seiner größten Gegner. Waldes und seine Anhänger, die nichts anderes wollten, als zum Neuen Testament zurückzukehren, wurden 1184 zu Ketzern erklärt und mit Predigtverbot belegt. Doch wahre Predigt braucht keine kirchliche, sondern biblische Autorität. Johannes Chrysostomus legte die Schrift aus, und achthundert Jahre später taten die Waldenser dasselbe. Während der finsteren Jahrhunderte des Mittelalters mangelte es nicht an Schwätzern oder was immer als Prediger ausgegeben wurde. Ganz Europa versank unter der untragbaren Last, Tausende von Priestern und Mönchen zu finanzieren; aber die Bibel war verschlossen, ihr Besitz und ihre Lektüre sogar verboten, und ihr Inhalt daher weitgehend unbekannt. Wahres Predigen gab es nur vereinzelt als kleine Sterne an einem finsteren Nachthimmel.

Die Reformation

Mit dem Morgengrauen der Reformation kam auch die Wiederbelebung des Predigens. Beides ist stets untrennbar miteinander verbunden. John Wyclif, geboren 1324 in der englischen Grafschaft Yorkshire, begann 1360 seinen Angriff gegen die Wandermönche mit einem Traktat namens *Einwände gegen Mönche*, das fünfzig Vorwürfe enthielt. John Wyclif ist heute vor allem bekannt als der erste Übersetzer der ganzen Bibel ins Englische und als leidenschaftlicher Kritiker der Irrtümer und Missbräuche der Kirche seiner Zeit. Dafür wird er zu Recht geehrt. Doch Wyclif war auch ein großartiger Prediger. Sein freimütiges Predigen verschaffte ihm viele Feinde. Wäre die römische Kirche damals nicht durch das »abendländische Schisma« geschwächt gewesen (zwischen 1378 und 1447 gab es zeitweilig zwei Päpste, drei Päpste und gar keinen Papst), wäre Wyclif höchstwahrscheinlich auf dem Scheiterhaufen gelandet. Wyclif liebte das Predigen nicht nur als Pfarrer in Lutterworth, sondern sein ganzes Leben lang. Er gründete sich auf die Bibel und wollte seinen Zuhörern die Bedeutung des Wortes Gottes erklären. Im Gegensatz zu den predigenden Wandermönchen zielte Wyclif nicht darauf ab, seinen Zuhörern zu gefallen, sondern sie zu unterweisen und sie zum Handeln zu motivieren. Lange nach seinem Tod beklagte sich Thomas Morus, ein erbitterter Gegner der Protestanten, dass man keinen zwei Menschen auf der Straße begegnen könne, ohne dass einer von ihnen ein Wyclifit sei. Solch eine große Wirkung hatte Wyclifs Predigtdienst! Aber das war nicht allein sein Werk.

John Wyclif studierte in Oxford, und Bischof Knighton, der ihn genauso hasste wie Thomas Morus, schrieb über ihn: »Als Theologe ist er der hervorragendste seiner Zeit; in der Philosophie gibt es keinen Zweiten wie ihn; als Pädagoge ist er unvergleichlich. Niemand übertrifft ihn in der Kraft seiner Argumente, und er übertrifft alle in der unwiderstehlichen Kraft seiner Redekunst.« Andere bekannten, dass sie vor Bewunderung stillstanden, wenn sie ihn predigen hörten. Er war ein gefährlicher Mann in Oxford! Und das umso mehr, als er begann, von der Universität junge Männer auszusenden, die das Evangelium predigten und verbreiteten! Diese armen Wanderprediger wurden bald verächtlich »Lollarden« (»Murmler«) genannt. Die Lollarden zogen zu zweit umher, hatten nichts dabei außer eine Bibel und einen Stab, und die Worte Wyclifs, mit denen er sie ausgesandt hatte, klangen noch in ihren Ohren:

> Dem Volk muss das Evangelium gepredigt werden, wie Gott es befohlen hat. Die Wahrheit muss ihnen verkündet werden, auch wenn sie diese unwillig aufnehmen. Keine Komödien oder Tragödien, keine Fabeln oder Possen, sondern allein das Gesetz des Herrn, wie Christus und die Apostel es verkündeten. Denn im … Evangelium ist das Leben verborgen, das die Kirche zu erwecken vermag.[148]

Wie alle Reformatoren zweifelte Wyclif kein bisschen am Wert des Predigens. In einer Predigt über die Zehn Gebote sagte er:

> Dies schärfte Christus seinen Jüngern mehr ein als alles andere; damit entriss er die Welt aus der Hand des Feindes … Der höchste Dienst, den der Mensch auf Erden erlangen kann, ist das Wort Gottes zu predigen … Die Kirche wird am meisten geehrt durch das Predigen des Wortes Gottes.[149]

Wyclif plädierte nicht nur für *mehr* Predigen, sondern für *gutes* Predigen und unterwies seine Lollarden sorgfältig darin. Die Behauptung von Thomas Morus, die Hälfte der Bevölkerung vertrete die Theologie Wyclifs, und die überfüllten Gefängnisse und brennenden Scheiterhaufen zur Zeit der erbitterten Verfolgung der Lollarden (ab 1401), belegen den Erfolg dieser vorreformatorischen Predigtbewegung. Und wir müssen bedenken: All das geschah zu einer Zeit, als das Mirakelspiel auf dem Höhepunkt seiner Popularität war.

Im selben Jahr, als Wyclif, der »Morgenstern der Reformation« im Pfarrhaus von Lutterworth starb, starb noch ein anderer bekannter predigender Reformator. Geert Groote wurde in Deventer in Holland geboren. Sein Vater war Bürgermeister und so war Geert nach seiner Schulausbildung in Paris dazu prädestiniert, »den üblichen Weg des weltlich gesinnten Klerikers einzuschlagen«.[150] Er lebte und aß im Überfluss, trug teuren Schmuck und die beste Kleidung, einschließlich des edelsten Pelzmantels. Eines Tages stellte ein Freund seinen Lebensstil in Frage: »Warum bist du so erpicht auf Eitelkeiten? Du musst ein anderer Mensch werden.« Geert bekehrte sich zu Christus, wurde tatsächlich ein anderer Mensch, gab sofort sein Vermögen weg und verbrannte seine Magiebücher. Er kleidete sich mit weiten Kleidern aus Pferdehaar und verbrachte viele Tage in Gebet und Fasten.

Geert Groote war jedoch kein Mann der Meditation, sondern der Tat. Nach drei Jahren wurde er zum Diakon ordiniert und erhielt somit Predigterlaubnis. Er begann seinen Predigtdienst mit dem Gesetz und mit Buße. Geert stand auf der Kanzel und blickte einige Sekunden intensiv auf die Versammlung und nach dieser Musterung begann er zu predigen. Er war redegewandt und inbrünstig, und predigte nicht im üblichen Latein, sondern auf Holländisch, was alle Zuhörer verstehen konnten. Wo immer er predigte – in Deventer, Kampen, Zwoll, Utrecht, Leyden, Delf, Gouda, Amsterdam –, ließen die Leute ihre Mahlzeiten und ihre Geschäfte stehen und versammelten sich in der Kirche. Wenn die Kirche überfüllt war, führte er die Versammlung nach draußen und predigte unter freiem Himmel. Groote predigte, wo immer er konnte, oft zweimal täglich, und oft drei Stunden am Stück. Die Auswirkung seines Predigens war erstaunlich. Gestohlenes Eigentum wurde zurückgegeben, Verbrechen eingestanden, Familien wiedervereinigt und Gewalt und Unmoral nahmen drastisch ab.

Mit seiner Kritik am Zustand der Kirche machte er sich unausweichlich eine Legion von Feinden. Groote predigte stets mit einem Schreiber und zwei Zeugen neben ihm, um festzuhalten, was er wirklich sagte. Selbst diese Vorkehrung machte ihn nicht vor Angriffen gefeit. Die kirchlichen Machthaber griffen zwar noch nicht so schonungslos durch wie später, als sie alle »Ketzer« auf dem Scheiterhaufen verbrannten, trieben aber den Prediger einfach in die Verbannung. Dort bildete er die »Brüder vom gemeinsamen Leben«, eine freiwillige Gruppe, deren Mitglieder alles miteinander teilten. Sie leisteten kein Gelübde, aber Aufrichtigkeit und Liebe beherrschte alles, was sie taten. Zu den Mahlzeiten wurde eine Schriftstelle gelesen, die dann das Thema für die Tischgespräche wurde. Geert Groote liebte Bücher und sammelte eine ansehnliche Bibliothek. Ihr schlichter und ehrlicher Lebensstil wurde als *Devotio Moderna* bekannt, einem neuen Weg des Gottesdienstes. Zu ihnen gehörte auch Thomas von Kempen, der Autor von »Die Nachfolge Christi«, eines der verbreitetsten christlichen Bücher überhaupt.

Wie Wyclif starb auch Geert Groote nicht auf dem Scheiterhaufen. Als im Jahre 1384 die Stadt Deventer von einer Pest heimgesucht wurde und die Priester und Mönche flohen, zogen die Brüder vom gemeinsamen Leben in die Stadt, um sich um die Sterbenden und Hinterbliebenen zu kümmern. Geert starb am 20. August an der Pest. Die beiden Qualitäten seines Lebens waren sein vollmächtiges Predigen und sein heiliger Wandel. Diese beiden Dinge waren typisch für die Reformatoren und in seinem Fall leisteten sie einen herausragenden Beitrag an der Reformation in den Niederlanden.

Dass Männer wie Wyclif und Groote eines natürlichen Todes starben, war der Ausnahmefall unter den frühen Reformatoren. Jan Hus, der 1373 in Böhmen geboren wurde, war sozusagen der böhmische John Wyclif. Er wurde sogar beträchtlich von den Schriften Wyclifs geprägt, und beim Prozess gegen Hus im Jahre 1415 wurden mehr Werke von Wyclif als Beweisstücke vorgebracht als von Hus selbst.

Jan Hus wurde 1401 zum Priester geweiht und ein Jahr später zum Prediger an der einflussreichen Bethlehemskapelle in Prag berufen. Sein Predigen war so kraftvoll und beliebt, dass die große Kirche bald bis auf den letzten Platz gefüllt war und manche sogar Wohnungen in der Stadt bezogen, um nahe beim großen Prediger zu sein. Professoren und Studenten aus der nahegelegenen Universität und sogar Königin Sophia selbst waren regelmäßig bei seinen Predigten anwesend. Doch nicht nur die Reichen und Mächtigen besuchten die Bethlehemskapelle, sondern alle

Schichten. Hus predigte zweimal jeden Sonntag und oft während der Woche. Während seiner zwölf Jahre in Prag hielt Hus über dreitausend Predigten und vierzehn Bände seiner Predigten sind bis heute unveröffentlicht. Weil Jan Hus die Bibel wichtiger nahm als Päpste und Konzilien, die Verdorbenheit der Priester und die Bilderverehrung brandmarkte und weil er verurteilte, dass den Gläubigen der Kelch vorenthalten wurde, zog er unausweichlich viele Feinde auf sich. Da diese wussten, dass sie ihn in Prag niemals antasten konnten, beriefen die Kirchenfürsten Jan Hus vor das Konzil in Konstanz, um für seine »Ketzerei« Rechenschaft zu geben. Obwohl ihm der König eine sichere Hin- und Rückreise garantiert hatte, wurde Hus vor einen Scheinprozess gestellt, zum Tode verurteilt und im Juli 1415 in Konstanz auf dem Scheiterhaufen verbrannt, woraufhin man seine Asche in den Rhein streute.

Wyclif, Groote und Hus waren protestantische Reformatoren, die sowohl die Praxis als auch die Theologie der korrupten Kirche Roms verwarfen. Ihre kraftvolle Predigt gab den Ton an für die eigentliche Reformation, die nach ihnen folgen sollte. Sie bahnten den Weg für die Reformation in England, Holland und Böhmen.

Girolamo Savonarola (1452–1498) hingegen war Italiener und einer der vollmächtigsten Prediger zu Beginn der Reformation, brach jedoch nie mit der römisch-katholischen Lehre. Doch sein Predigen brachte in Florenz eine bemerkenswerte Reformation der Moral und des Lebenswandels zustande. Savonarola trat zunächst ein Medizinstudium an, verwarf jedoch diese Karriere und wurde Dominikanermönch. Seit 1491 war er ein beliebter Prediger in Florenz. Das ist seltsam, da seine Predigtkarriere ganz anders verlief, als man erwarten würde. Ein Biograf dokumentiert die Aussagen eines Zeitgenossen:

> Zu Beginn seiner Laufbahn auf der Kanzel hatte er weder Stimme noch Gestik, noch irgendeinen Stil, die für die Ausübung seines Amtes geeignet gewesen wären. Daher gab es in seinen Botschaften nichts, dem man hätte zustimmen können, noch irgendetwas, worüber irgendjemand erfreut gewesen wäre … Doch durch eine besondere Gabe Gottes wurde er später zu einem wunderbaren und bewundernswerten Prediger, aus-

gestattet mit einer außergewöhnlichen Kraft, um Aufmerksamkeit und Interesse anzuziehen ...[151]

Savonarola wollte sich nicht an die Mode halten, einfach über das Leben katholischer Heiliger zu predigen; stattdessen predigte er dem Volk von Florenz das Evangelium, und seine Worte kamen an »wie prasselnder Hagel, wie das fressende Schwert, wie der Herold der Zerstörung.« Zeitweilig, insbesondere zwischen 1495 und 1496, predigte dieser feurige Italiener separat zu Männern, Frauen und Kindern, weil nicht alle gleichzeitig in den Dom passten. Oft wurde ein großes Feld für seine Predigten bereitgestellt. Die Zuhörer trafen dort gewöhnlich drei Stunden vor Beginn ein. Insbesondere für junge Leute waren diese Predigten eine Herausforderung. Da sie regelmäßig die Gottesdienste besuchten, verzichteten sie dafür auf Theaterspektakel, Bälle, Maskeraden und Sportwettkämpfe.

Savonarolas Predigten hatten eine so enorme Wirkung, dass »eine völlige Revolution in der Lebensweise und Moral der Leute von Florenz bewirkt wurde«.[152] Gewaltige Geldsummen wurden ihren rechtmäßigen Eigentümern erstattet, die Reichen liehen den Armen ohne Zinsen, und Hilfsgüter wurden in andere Länder geschickt, um in Hungersnot zu helfen. Sogar die Kinder auf der Straße tadelten Leute für nachlässige Kleidung oder schlechtes Verhalten! Am Palmsonntag 1496 zogen Tausende in einer Prozession durch die Straßen zu einem großen »Scheiterhaufen der Eitelkeiten«. Dort wurden Aktmalereien, Würfel- und Kartenspiele, Wandteppiche mit unanständigen Darstellungen, Werke gottloser Autoren und Dichter, Karnevalsmasken, Perücken und Berge anderer »Eitelkeiten« unter Geläut der Domglocken zu Asche verbrannt. Zwei Jahre später, am 23. Mai 1498, wurde Savonarola selbst auf demselben Platz in Florenz gehängt und verbrannt. Der Prediger hatte es gewagt, den Papst und seine korrupte Kirchenhierarchie zu kritisieren. Rom hatte einen seiner größten Reformatoren und Prediger verbrannt!

Doch die Reformation gewann an Aufschwung und mit ihr die Bedeutung des Predigens. Wenn die Gemeinde bei einer Predigt geboren wurde, so gilt dasselbe für die Reformation. Predigt und die Übersetzung der Bibel in die Volkssprache brachten die protestantische Reformation hervor. Wir haben hier nur einige wenige der frühen Reformatoren ausgewählt, und es fehlt uns der Platz, um auf weitere einzugehen. Luther und Calvin sind berühmt für ihre Schriften, doch die meisten ihrer schriftlichen Texte wurden zunächst gepredigt. Es waren Luthers Predigten, die die Universität Wittenberg füllten, und Calvin predigte regelmäßig und vollmächtig vor Tausenden in Genf. Hugh Latimer, der 1555 in Oxford verbrannt wurde, war ein kraftvoller Prediger. Sein »kurioses, aber lebhaftes Redegeschick«[153] zog solche große Volksmengen an, dass einmal bei einer Predigt vor dem Königshof eine Kanzel im Königsgarten aufgestellt wurde, um dem Volk Genüge zu tun. Bei einer anderen Begebenheit war die St.-Margaret-Kirche in Westminster derart überfüllt, dass die Bänke brachen! Die Gegner der Reformation erkannten schnell, welch großen Einfluss Predigten hatten, und bald war der Prediger – mehr noch als das gedruckte Blatt – das Ziel ihrer feurigen Anfeindungen. Noch lange nachdem die englische Bibel in jeder Pfarrkirche im Land an ein Lesepult gekettet wurde (1538), wurden bedeutende reformatorische Prediger auf dem Scheiterhaufen gekettet.

Die Kanzel der Puritaner

Hundert Jahre kämpften die »evangelischen Ketzer«, wie Thomas Morus die Reformatoren nannte,[154] um die Theologie der Kirche in England zu korrigieren. Ihre Predigten und ihre Schriften waren in großen Bereichen erfolgreich, und nun ging der Mantel ihres prophetischen Dienstes an die Puritaner über. Wenn je eine Geschichtsepoche oder ein Jahrhundert von Christen missverstanden und verleumdet wurde, dann sind es gewiss die Puritaner des 17. Jahrhunderts (siehe Kapitel 3). Die große Leistung der Puritaner war es, dass sie auf der Theologie der Reformatoren aufbauten, um die Moral der Nation und die Organisation der Kirche zu reinigen. Im weiteren Sinne erstreckte sich die Zeit der Puritaner von Mitte des 16. bis Mitte des 17. Jahrhunderts. Aus dieser Distanz heraus ist es für uns schwierig, die enorme Bedeutung der damaligen Streitfragen zu verstehen. Die Puritaner kämpften dafür, England vor dem Rückfall in den Griff päpstlicher Politik und in die Irrtümer päpstlicher Lehre zu bewahren. Darin waren sie weitgehend erfolgreich, und ihr Jahrhundert besiegelte einen Kurs der englischen Geschichte, den selbst Karl II. und seine katholischen Bischöfe nicht mehr umkehren konnten. Der Erfolg der Puritaner stammt von ihren Kanzeln; sie waren allem voran Prediger.

Die Puritaner predigten lange – eine Stunde war für sie eine Kurzpredigt –, aber die Predigten waren kraftvoll, praktisch und durch und durch bodenständig. Obwohl die puritanischen Prediger fast alle an Universitäten studiert hatten, hatten sie keine Zeit für die akademische Zurschaustellung des »höfischen Predigens«. Ihre Predigten sind voller Anspielungen auf das Alltagsleben der Händler und Arbeiter. Das gemeine Volk hörte die Puritaner gern und viele ihrer Kirchen waren mit aufmerksamen Zuhörern überfüllt. Henry Smith, Prediger in London, packte seine Kirche überaus dicht: Wenn alle Bänke besetzt waren, brachten die übrigen Zuhörer »ihre eigenen Bänke mit, nämlich ihre Beine« und standen in den Gängen. »Silberzungen-Schmidt«, wie dieser Prediger genannt wurde, predigte nur drei Jahre in London, bevor er starb, aber seine Predigten waren so beliebt, dass Stenografen sie mitschrieben und sie unverzüglich gedruckt wurden. Smiths Predigten zählten in puritanischen Häusern zur meistgelesenen Literatur.

Die Puritaner waren nicht die trockenen, langweiligen und hohlen Redner, die man sich heute landläufig unter Puritanern vorstellt. Ganz im Gegenteil predigten sie lebhaft und leidenschaftlich, mit Inbrunst und Feuer. Richard Baxter predigte stets so, als sei es das letzte Mal, »als Sterbender zu Sterbenden«. Während seiner Wirkungszeit in Kidderminster (1647–1660) nahm der Gemeindebesuch so zu, dass die Empore während dieser Zeit fünf Mal erweitert werden musste. Als Baxter anfänglich in die Stadt kam, gab es pro Straße kaum eine einzige Familie, die Gott anbetete. Als er die Stadt verließ, gab es viele Straßen, in denen alle Familien hingegebene Anbeter waren. Einige Puritaner entfachten durch ihre Predigten ein wahres Feuer. John Rogers von Dedham in Essex war so eifrig, dass sich ein Bischof beklagte: »John Rogers wird mit seinen wilden Notizen mehr Gutes tun als wir mit unserer starren Musik.« Unter den Puritanern kursierte das Sprichwort: »Lasst uns nach Dedham gehen und Feuer holen.«

Im Gegensatz zu vielen heutigen Predigern verschmähten die Puritaner nicht ihre Berufung zum Predigen. Sie waren nicht nur völlig überzeugt, dass dies die höchste Berufung überhaupt war, sondern sie waren ebenso zuversichtlich, dass ihren Predigten nicht nachgeholfen werden musste, um sie verständlich zu machen. Die Kunst der klaren Rede war ihre einzige Methode und für eine Zeit, in der viele Zuhörer weder lesen noch schreiben konnten, waren sie bemerkenswert erfolgreich. Pflüger, Heckenpflanzer und Mägde konnten während der Woche über die einzelnen Punkte der Predigt diskutieren.

In einer Predigt mit dem Titel »Durch welche Mittel können Diener Gottes am besten Seelen gewinnen?« behauptete Robert Traill: »Die hauptsächliche Arbeit eines Pfarrers ist das Predigen; ihr hauptsächlicher Nutzen für das Volk, dass es das Wort des Herrn von ihnen bekommt.« »Bist du ein Diener [engl. *minister*]?«, fragt Traill und schlussfolgert darauf: »Du musst ein Prediger sein. Ein nicht predigender Diener ist ein Widerspruch in sich.« Richard Sibbes sagte, Predigen sei »die Gabe aller Gaben«. Es ist unvorstellbar, dass puritanische Prediger die Hilfe und Unterstützung durch Volkskünste wie Tanz und Theater gesucht hätten. Das wäre so demütigend gewesen, wie wenn der griechische Herold zur Trompete greifen musste (vgl. S. 116)!

Die Predigten der Puritaner waren während der ersten Hälfte des 17. Jahrhunderts zweifellos die mächtigste Kraft in England. Dieses Predigen wurde »abwechselnd toleriert, gefördert und bekämpf; es wurde beklatscht, verworfen und verspottet, es wurde verehrt und gelästert – aber es konnte nicht ignoriert werden, was tatsächlich auch nie geschah!«[155]

Das war das Wesen der puritanischen Predigt – sie konnte nicht ignoriert werden. Ein tragischer Beweis dafür ist die Wiedereinführung der berüchtigten Uniformitätsakte, von König Karl II. auf Drängen der katholischen Bischöfe unterschrieben:[156] Innerhalb eines Jahres wurden zweitausend puritanische Prediger aus ihren Kirchen vertrieben. Das war ein Fünftel des Klerus, und zwar dessen Elite. Ein Akt des Parlaments war nötig, um der Wirkung der puritanischen Predigten Einhalt zu gebieten, und selbst danach setzten die Prediger ihren Dienst unter Lebensgefahr im Untergrund fort.

Die evangelikale Erweckung

Zu Beginn des 18. Jahrhunderts waren die Wirkungen der puritanischen Predigt weitgehend erstickt unter dem Schlamm der Moral jener Ära, der Restauration (vgl. S. 49 unten). Unter der Herrschaft Karls II. und der ersten vier Könige namens Georg wurde England wenig von seinen Führern zum Guten inspiriert. Karl II. erließ eine Reihe repressiver Gesetze gegen die Protestanten, was den Weg dazu bereitete, dass die Nation hilflos in Sünde hinabsank. Die Kirche von England hatte nichts zu bieten; ihre Theologie war bankrott und ihre Pfarrer waren bigott. Der Historiker Thomas Carlyle beschrieb die ersten Jahrzehnte des 18. Jahrhunderts so: »Der Bauch wohlauf, die Seele erloschen.« Selbst das stimmte nicht ganz, denn Tausende steckten in der scheußlichen Falle von Armut und Verwahrlosung, während Bischöfe nach ihrem Ableben ein Vermögen hinterließen, von dem sich Londons verarmte Bevölkerung ein Leben lang hätte kleiden und ernähren können. Die Politik war korrupt, die Gefängnisse unbeschreiblich brutal und schmutzig. Der Handel mit geraubten afrikanischen Sklaven florierte; der Alkohol war der einzige Trost der Armen und das Geldspiel war offenbar das einzige Vergnügen der Reichen. 1738 schrieb Bischof Berkeley, dass Moral und Religion in England zu einem Tiefstand kollabiert seien, »wie er zuvor in christlichen Ländern unbekannt war. Unser Ausblick ist äußerst schrecklich und die Symptome werden von Tag zu Tag schlimmer.«[157]

Wie gewöhnlich leistete das Theater den schlimmsten Übeln Vorschub, die jene Zeit zu bieten hatte, und bereits 1709 zeigte Jonathan Swift mit dem Finger auf Karl II.: »Seit jener Zeit wird der Ratsherr zum Hahnrei und die betrogene Jungfrau zügellos gemacht und Ehebruch und Hurerei sollen als Teil der Handlung hinter den Kulissen begangen werden.«[158]

Die größte Tragödie von allen in der ersten Hälfte des 18. Jahrhunderts war die Tatsache, dass niemand auftrat, um die Verderbnis aufzuhalten. Die Kanzeln kannten im Allgemeinen kein Evangelium und dienten nur der Eitelkeit der Reichen. Die Geschichtsschreibung wurde auf den Kopf gestellt: Karl I., der 1649 vom Parlament enthauptet worden war, wurde als gepriesener Märtyrer gefeiert. Dass er die Freiheit seines Volkes verraten hatte, war vergessen, und die Restauration der Monarchie unter dem zügellosen Karl II. wurde mit der Auferstehung Jesu Christi verglichen! Errettung bedeutete gute Werke tun und zur Kirche gehen, doch darin waren die Reichen nicht erfolgreich und die Armen nicht willkommen. Nichts, so schien es, konnte den Niedergang aufhalten.

1735 wurde George Whitefield bekehrt und drei Jahre später John Wesley. Diese beiden Männer begannen einen Predigtdienst, der die gesellschaftliche, wirtschaftliche, politische und religiöse Geschichte Großbritanniens veränderte. Hier fehlt leider der Platz, um ihr Leben und ihren Dienst eingehend zu beschreiben. Für unsere Zwecke ist nur wichtig herauszustellen, welche Methode Gott verwendete, um England aus einem geistlich todkranken Zustand aufzuwecken.

1866 schrieb Bischof J. C. Ryle über die radikale Veränderung in England während des vorigen Jahrhunderts:

> Dass in den letzten hundert Jahren eine große Veränderung zum Besseren über England gekommen ist, wird gewiss kein informierter Mensch je abzustreiten versuchen. Dann könnte man ebenso gut abzustreiten versuchen, dass es zu Luthers Zeiten eine protestantische Reformation gab, ein Parlament zur Zeit Cromwells oder eine französische Republik am Ende des letzten Jahrhunderts. Es hat eine enorme Veränderung zum Besseren stattgefunden. Sowohl hinsichtlich Religion als auch Moral hat das Land eine komplette Revolution durchlaufen. Die Leute denken, reden und handeln ganz anders als im Jahre 1750.«[159]

Das kann niemand abstreiten, doch wodurch kam diese Veränderung zustande? Ryle schlussfolgert: »Das war nichts mehr und nichts weniger als die alte apostolische Waffe des Predigens.«[160]

Außer im Krankheitsfall predigte George Whitefield dreißig Jahre lang jeden Tag, oft zwei oder dreimal täglich. Man schätzt, dass er 18.000 öffentliche Predigten hielt, doch zu dieser Zahl müssen wir noch seine privaten und inoffiziellen »Ermahnungen« zählen, die eine ganze Stunde oder länger dauern konnten. So beläuft sich die Anzahl seiner Predigten wohl auf 30- bis 40.000

Predigten.[161] Whitefield reiste vierzehn Mal nach Schottland, sieben Mal nach Amerika und predigte in nahezu jeder bedeutenden Stadt Englands. J.C. Ryle beschreibt eine typische Winterwoche aus Whitefields Leben:

> Jeden Sonntagmorgen teilte er um halb sieben das Herrenmahl an mehrere Hundert Gläubige aus. Danach verlas er Gebete und predigte morgens und nachmittags. Dann predigte er nochmals am Abend um halb sechs und endete mit einer Ansprache an eine große Gesellschaft von Witwen, Verheirateten, jungen Männern und älteren Fräulein, die alle separat im Bereich des Tabernacle saßen, und ermahnte sie je nach ihrer jeweiligen Situation.
>
> Montag-, Dienstag-, Mittwoch- und Donnerstagmorgen predigte er regelmäßig um sechs Uhr. Montag-, Dienstag-, Mittwoch-, Donnerstag- und Samstagabend hielt er Vorträge. Das macht zusammen, wie man sieht, dreizehn Predigten die Woche! Und während all dieser Zeit unterhielt er eine ausgiebige Korrespondenz mit Menschen in nahezu jedem Teil der Welt.[162]

Whitefields Beliebtheit als Prediger geriet während der 34 Jahre seines Dienstes nie ins Wanken. Die englische Staatskirche verweigerte ihm generell ihre Kanzeln und so wurde er »Freiluftprediger«. Er predigte freimütig, schlicht, einfach und mit Nachdruck. Das Gerücht »Whitefield wird predigen!« konnte buchstäblich eine ganze Stadtbevölkerung auf die Beine bringen, um ihn zu hören. Zehn-, Zwanzig-, sogar Dreißigtausend hörten seine donnernde Stimme, mit der er das alte Evangelium von der Rechtfertigung aus Glauben verkündete.

Wesleys Leben ist in gewisser Weise noch verblüffender, zum Teil deshalb, weil er über ein halbes Jahrhundert wirkte. Von 1738 bis zu seinem Tod 1791 muss er mindestens vierhunderttausend Kilometer auf Pferderücken geritten sein, einmal sogar fast 150 Kilometer an einem Tag. Wesley behauptete, jegliche Freizeit aufgegeben zu haben, und wenige Menschen haben es verstanden, so viel in ein einziges Leben hineinzupacken. Als er starb, zählte seine methodistische Kirche 135.000 Mitglieder und das ist bei weitem nicht seine ganze Frucht.

Mit ihren Predigten riefen Whitefield und Wesley die so genannte »evangelikale Erweckung« ins Dasein (auch »große Erweckung« oder »methodistische Erweckung« genannt). Sie waren nicht allein und auch andere begannen zu dieser Zeit vollmächtig zu predigen. Obwohl die Evangelikalen, die verächtlich »Methodisten« genannt wurden, verhasst waren und erbittert verfolgt wurden, vermochte nichts den Ansturm der Evangeliumsverkündigung aufzuhalten. Sie fegte über das Land wie eine riesige Sense und schnitt große Büschel aus der wuchernden Sünde und der geistlichen Starre, in die das Land verfallen war. Vieles änderte sich zum Guten. Geistlich fähige Männer bestiegen die Kanzeln der Staatskirche und auch die Nonkonformisten gewannen Grund und Boden. Um 1740 gab es nur etwa 530 Versammlungsstätten von »Dissenters« (Freikirchler); Ende desselben Jahrhunderts waren es bereits über viertausend. Und jeder Teil des Landes profitierte davon. »Bauch wohlauf, Seele erloschen« war keine passende Beschreibung Englands mehr; vielmehr hatte die Nation ihre Seele gefunden.

Heute ist es eine unbestreitbare geschichtliche Tatsache, dass die evangelikale Erweckung unter der Predigt von Wesley und Whitefield, zusammen mit Tausenden von Laienpredigern, die ganze Nation verändert hat. Zum erstenmal bekamen die Evangelikalen einen Blick für die ganze Welt und Missionsgesellschaften entstanden: 1792 die *Baptist Missionary Society* (William Carey), 1795 die *London Missionary Society* und 1799 die *Church Missionary Society.* William Carey, der »Vater der modernen Mission«, segelte 1793 nach Indien, Henry Martyn nach Persien und weitere Scharen reisten nach Afrika, dem »Grab des weißen Mannes«. Die *Religious Tract Society* und die *Foreign Bible Society* waren beides Früchte des Predigens. Die Christen lernten, Gaben zu geben. Henry Thornton, ein wohlhabender Bankier, gab zwischen 1790 und 1793 dreimal soviel weg, wie er ausgab. Sie lernten auch, sich um andere zu kümmern. Die Abschaffung der Sklaverei war ein direktes Ergebnis der Erweckung, und es muss wirklich ein aufrüttelndes Erwecken gewesen sein, denn schließlich kostete diese Wohltat dem britischen Steuerzahler zwanzig Millionen Pfund! Siebzehn Jahre lang durchkreuzte John Howard auf eigene Kosten das Land, um die Gefängnisse zu reformieren, und

Silas Told verbrachte ein halbes Jahrhundert mit Besuchen in den Gefängnissen Londons.

Der Zustand Englands vor der Erweckung war viel zu schlimm, als dass er in einem einzigen Jahrzehnt hätte gänzlich zum Besseren verändert werden können, aber zumindest der Trend hatte sich gewendet. England war vor dem völligen Niedergang gerettet und die Auswirkungen erstreckten sich bis ins nächste Jahrhundert. Zu Beginn des 19. Jahrhunderts machten sich führende Evangelikale dafür stark, dass Frauen nicht mehr in den Bergwerken arbeiten, Knaben nicht mehr auf hohe Schlote steigen mussten und Kinder nicht mehr in Fabriken ausgenutzt wurden. Die evangelikale Erweckung »tröstete die Volksmassen der Zeit der Industrialisierung mit einer leidenschaftlichen Hoffnung auf ein besseres Leben in persönlicher, geistiger, moralischer und sozialer Hinsicht«.[163] Das Gemeindehaus wurde ihr wichtigstes soziales Zentrum.

Wesley und Whitefield waren wie gesagt nicht die einzigen großen Prediger jener Zeit. Henry Venn war nur einer von vielen anderen, die zeigten, welche Wirkungskraft Predigen in einer unmöglichen Situation hat. Venn war von 1759 bis 1771 Prediger in Huddersfield. Dort kam er zu einer Pfarrei in einer »großen, finsteren, unwissenden, unmoralischen und unreligiösen Stadt«. Als er sie verließ, war sie »bis ins Innerste erschüttert von der Kraft des Evangeliums«.[164] J.C. Ryle beschreibt diesen Erfolg und dessen Ursachen. Seine Worte sind eine treffende Schlussfolgerung aus dieser kurzen Darstellung, was das Predigen im 18. Jahrhundert bewirkte. Ryle schrieb 1866:

> Henry Venn bewies: Die Predigt des Kreuzes stillt den Mangel aller Kinder Adams und kann zwischen Webstühlen und Kohlengruben ebenso gründlich »die ganze Welt auf den Kopf stellen« (Apg 17,6) wie in Kurorten, Dorfpfarren und mondänen Großstadtkirchen. Der evangelikale Prediger in einer Großstadt vor hundert Jahren hatte sich nahezu gänzlich dem Gebrauch einer einzigen Waffe verschrieben: Der gute alte apostolische Plan des unablässigen Predigens, sowohl »öffentlich und in den Häusern« (Apg 20,20), war fast das einzige Instrument, das er verwenden konnte. Er war gezwungen, allem

voran ein Mann *einer* Sache zu sein, ein Soldat mit *einer* Waffe, ein beständiger Prediger des Wortes Gottes.[165]

Von Spurgeon bis Lloyd-Jones

Während des 19. Jahrhunderts kam das Predigen, genau wie gute Manieren, in Mode. Was im vorherigen Jahrhundert als großartiges Werk Gottes begonnen hatte, etablierte sich nun als Gewohnheit. Zur Kirche zu gehen und eine Familienandacht zu haben, gehörte im viktorianischen Zeitalter einfach zur guten Sitte. Grob gesagt, lief es darauf hinaus, dass die Reichen zur Kirche gingen und die Armen zu Hause blieben. Die Auswirkungen der Predigtbewegung im 18. Jahrhundert bestanden jedoch fort, und als Viktoria bereits seit zwei Jahrzehnten Königin war, war nichts nötiger als ein neues Wirken des Heiligen Geistes, um Leben in die toten Gebeine zu bringen. Das geschah im Jahre 1859 und vollzog sich durch Predigen. Das soll nicht heißen, vor jenem Jahr hätte es keine nennenswerten Predigten gegeben. Männer wie Charles Haddon Spurgeon in London und Robert Murray M'Cheyne in Dundee waren einflussreiche Prediger. Spurgeons Gemeinde übernahm die Surrey Music Hall, um die sechs bis achttausend Besucher aufzunehmen, die allsonntaglich diesen »Fürsten der Prediger« hören wollten. Und als 1861 ihr eigenes Gebäude, das Metropolitan Tabernacle, eröffnet wurde, wuchs die Gemeinde stetig weiter. Jahrelang hielt Spurgeon durchschnittlich zehn Predigten pro Woche, und wenn er außerhalb des Tabernacle sprach, versammelte er bis zu 30.000 Zuhörer. Schätzungsweise eine Million Menschen lasen während der Woche seine unverzüglich gedruckten Sonntagspredigten – und das Mitte des 19. Jahrhunderts.

Wenn 1838 in Dundee der schwache und kranke M'Cheyne predigte, lehnte sich eine ganze Versammlung »in der Körperhaltung gespannter Aufmerksamkeit nach vorn«. In Wales gebrauchte Gott Prediger wie Humphrey Jones und David Morgan und in Ulster James McQuilkin. Welche Begleiterscheinungen diese Erweckungen von 1859 auch sonst noch hatten, war jedenfalls das Predigen das wirkungsvolle Herzstück. In Ulster wurden neue Gemeindehäuser gebaut, um die etwa hunderttausend Neubekehrten aufzunehmen und die Kriminalität ging dort drastisch zurück. Die evangelikalen Prediger jener Zeit trafen das Leben der Nation am Puls, genau wie ihre Vorgänger im vorangegangenen Jahrhundert. Das »Gewissen der Freikirchler« war ein Faktor, den jeder viktorianische Politiker berücksichtigen musste. Ohne diese Prediger wäre das 19. Jahrhundert hundertmal schlimmer gewesen, als es ohnehin schon war.

Als Gott 1859 begann, England in Bewegung zu bringen, bediente er sich dazu des Predigens als wichtigstes Instrument. Die Posaune erschallte laut und klar und ihr Echo hallte auch noch im nächsten Jahrhundert nach. Hier ist nicht der Platz, um auf das Eindringen der liberalen Theologie einzugehen, aber deren Wirkung war offensichtlich. Als sich die Bibelkritik breit gemacht hatte, verlor die Predigt ihre autoritäre Dringlichkeit und der Gottesdienstbesuch ging zurück. Das war unausweichlich. Der Niedergang der Gemeinde und der Niedergang des Predigens sind ein und dieselbe Sache.

Im Verlauf des 20. Jahrhunderts wurde der Klang der Posaune leiser, unklarer und undeutlicher. Hier und da fuhren herausragende Männer mit dem Predigen fort und wehrten sich gegen jeden Versuch, von dieser einen Aufgabe weggezogen zu werden. Dr. Martyn Lloyd-Jones war ein besonderes Beispiel. Geboren 1899 in Südwales, gab Lloyd-Jones eine aussichtsreiche Medizinerkarriere auf und nahm 1927 den Ruf in das Pastorat einer calvinistisch-methodistischen Gemeinde in Aberavon an. In wenig mehr als zehn Jahren wuchs dort die Mitgliederzahl von 146 auf über 500, und das zu einer Zeit, als Gemeindemitgliedschaft allgemein im Rückgang war. 1938 ging Lloyd-Jones an die Westminster Chapel in London und diente als Zweitpastor von Dr. Campbell Morgan, der sich in der Metropole als begnadeter Prediger erwiesen hatte. Was folgte, klingt fast wie eine Legende. 1938 waren gute Prediger rar und die Versammlung in der Westminster Chapel umfasste im Durchschnitt zwischen 1500 bis 1800 Seelen pro Sonntag. Als Lloyd-Jones 40 Jahre später seinen Dienst in London beendete, waren gute Prediger noch seltener gewordenen, aber die Besucherzahl in der Chapel hatte sich nicht verringert. Zu Beginn seines Wirkens in London hatte ein Zeitungsreporter seinen Dienst beschrieben:

> Dr. Martyn Lloyd-Jones gehört mittlerweile zweifellos zur vordersten Front »populärer« Prediger … Er predigt nicht zu den Sündern, die nicht anwesend sind, sondern zu denen in den Reihen, die er vor sich hat. Er hat den gewinnenden Tonfall – aber man kann bei ihm auch das Grollen des fernen Donners hören, der den Gerichtstag ankündigt. Seine Botschaft hat den göttlichen Imperativ. Wenn ich mich nicht täusche, wird er es weit bringen.[166]

Er hat es wirklich weit gebracht. Die unscheinbare Statur dieses kleinen Walisers strahlte auf der Kanzel Autorität aus. Lloyd-Jones war nie ein Meister der Rhetorik oder Redekunst und er wollte offenbar nie die Zuhörer unterhalten oder ihnen gefallen. Manchmal war er bereits zwanzig Minuten am Predigen, bevor das Feuer zu brennen begann, aber er war ein Mann von überzeugender Autorität, der die Zuhörer zum *Denken* zwang. Wann immer er predigte, konnte er auch während des halben Jahrhunderts des zurückgehenden Gottesdienstbesuches und des Niedergangs des Predigens stets eine enorme Zuhörerzahl anziehen. Auch seine eigene Gemeinde florierte.

Im Oktober 1977, gegen Ende eines Predigtdienstes, der Tausenden in aller Welt zum Segen war, sprach Lloyd-Jones bei der Eröffnungsfeier des London Theological Seminary. Sein Thema war: »Was ist Predigen?«

> Predigen ist Verkündigung: Es ist die vollmächtige Präsentation der großartigen Botschaft der Bibel. Aufgabe des Predigers ist, die Bibel den Leuten lebendig vorzustellen, ihnen zu zeigen, was in ihr steckt, sie zu begeistern, wenn sie die Bibel hören und sie dann selber lesen. Er muss die Leute in Bewegung bringen. Er muss bedenken, dass sie sowohl Herzen als auch Köpfe haben und dass ihr Kopfwissen sogar eine Gefahr für sie sein kann, wenn sie von der Predigt nicht bewegt werden. Es ist die Aufgabe des Predigers, lebendige Zeugen, lebende »Briefe Christi« hervorzubringen. Er darf den Leuten nicht einfach Wissen und Information vermitteln. Er muss Heilige hervorbringen, und wenn diese Heiligen sich unter andere Menschen mischen, werden sie die Werkzeuge sein, um sie zu

überführen und sie der Gemeinde zuzuführen. Die höchste Notwendigkeit sind also Prediger – nicht bloß Lehrer und noch weniger Referenten.

Unsere Zeit der schnelllebigen Medien braucht immer noch Prediger. David Lloyd-George, einst britischer Premierminister, sagte während des Ersten Weltkriegs: »Wenn der Streitwagen der Menschheit stecken bleibt ... wird nichts ihn herausziehen können als nur gutes Predigen, das stracks in Verstand und Herz trifft. In diesem Fall gibt es nichts, was die Welt retten wird, als nur das, was einst als »die Torheit der Predigt« (1Kor 1,21) bezeichnet wurde. Auch wenn es für viele heute schwer zu akzeptieren ist, ist die Predigt dennoch die wirksamste Waffe im Arsenal der Gemeinde, und obendrein die populärste!

Dieser kurze Überblick über die Geschichte des Predigens wird aus zwei Gründen manchen als unzureichend erscheinen. Erstens gab und gibt es Tausende weiterer guter Prediger, die hier nicht erwähnt wurden, aber am Ende des längsten Kapitels dieses Buches stößt das sicher auf Verständnis. Zweitens werden einige behaupten, es sei kontraproduktiv, nur »großartige« Prediger zu erwähnen; wenn Predigten »großartig« sein müssen, hat das wenig mit der Realität in unseren Gemeinden zu tun, denn wir haben nicht alle großartige Prediger. Aber das stimmt nicht. Eine echte Predigt ist immer eine großartige Predigt. Tatsächlich gibt es heute Tausende von Predigern, deren Gemeinden wachsen – nicht weil in diesen Gemeinden getanzt oder Theater gespielt wird, sondern weil das Wort Gottes gepredigt wird. Wahres Predigen wird es nie an Zuhörern fehlen. Typisch für alle bedeutenden Prediger war ihr Wunsch, andere Männer in diese Aufgabe einzuführen: Wyclif sandte die Lollarden aus, viele puritanische Prediger rüsteten auf eigene Kosten junge Männer zu, Wesley gründete eine Gemeinschaft von Laienpredigern, Spurgeon baute ein Predigerkolleg auf und Lloyd-Jones unterstützte begeistert ein Predigerseminar. Diese Männer wollten von Herzen gutes Predigen multiplizieren.

Zwei Dinge sind in unseren heutigen Gemeinden notwendig: betende Gläubige und ein Prediger. Alles andere wird daraus hervorgehen: Seelsorge, lebendige Anbetung, tiefsinnige Gemeinschaft, evangelistischer Eifer, ein ernsthaftes Zeugnis und Bekehrungen. Auch der natürliche Zustand des nicht wiedergeborenen Menschen kann nur durch diese beiden Dinge überwunden werden. Er ist blind, verloren und tot. Man kann einen Menschen in die Hölle tanzen, aber nicht heraus. Ihm muss das Wort gepredigt werden. Eine betende Gemeinde, die durch Predigt motiviert ist, wird hinausgehen und evangelisieren. Sie kann nicht einfach ihr eigenes Ding machen. Wenn Gott der Gemeinde ein so vollmächtiges Werkzeug wie die Predigt gegeben hat, ist es eine Tragödie, wenn wir nach anderen Methoden suchen. Warum bläst die Gemeinde auf einem Strohhalm, wenn sie doch eine laute Posaune blasen könnte?

Wenn es stimmt, dass die Gemeinde bei einem Gebetstreffen gezeugt und bei einer Predigt geboren wurde, wodurch wird sie dann wachsen und sich vermehren? Diese Generation hat noch nicht erlebt, was Gott tun wird, wenn wir unsere kleinen Marotten aufgeben, uns unserer eigentlichen Aufgabe des Betens zuwenden und wieder an die Kraft und Autorität der Predigt glauben. Gott wiederholt gern die Geschichte, aber der Teufel auch! Die Gemeinde von heute kann sich entscheiden, zum Zeitalter der Spiele oder zum Zeitalter der Predigt zurückzukehren. Nie in der ganzen Geschichte der Christenheit haben die beiden erfolgreich koexistiert. »Wenn die Posaune einen undeutlichen Ton gibt, wer wird sich zum Kampfe rüsten?« (1Kor 14,8).

Nachwort des deutschen Herausgebers

Das vorliegende Buch erschien vor 20 Jahren in Großbritannien und von daher könnte man meinen, es beträfe nicht direkt unsere heutige Situation im deutschsprachigen Raum. Doch in den letzten zwei Jahrzehnten waren Tanz, Theater und andere »alternative Ausdrucksformen« der zunehmende Trend und haben sich unter den Evangelikalen stark verbreitet und etabliert. Edwards hat mit diesem Buch ein kurzes Standardwerk geschaffen, das diese Thematik immer noch treffend darstellt und bewertet. Auch die englischsprachige Quellenliteratur, auf die Edwards eingeht, bringt genau die typischen Argumente für Tanz und Theater, die heute zwar nur noch selten formuliert werden, die aber die unterbewusste Grundlage der modernen »kreativen Verkündigung« und »alternativen Gottesdienstgestaltung« bilden.

In diesem Nachwort fehlt der Platz für eine ausführliche aktuelle Dokumentation über christliche Tanz- und Theaterkunst in unserem Sprachraum. Hier können wir nur kurz ein paar Streiflichter anführen und Grundsätzliches sagen. Zudem ist dieses Feld so groß geworden, dass man sich kaum einen Überblick über die Vielzahl der Angebote und Aktivitäten, Programme und Gruppen verschaffen kann. Unzählige christliche Theatergruppen, Tanzensembles und Kleinkunstkreise touren durch die Lande und bieten ihre Dienste an. Kaum eine evangelikale Konferenz, kaum ein Kongress oder Jugendtreffen, wo nicht Seminare in »kreativer Kommunikation« etc. mit allem Drum und Dran angeboten werden. Heute sind diese Künste keineswegs mehr ein Monopol charismatisch geprägter Christen, sondern finden sich auf der ganzen Bandbreite moderner evangelikaler Gemeinden. Vorreiter und Trendsetter sind Autoritäten wie Willow Creek und ProChrist, aber sogar in die einst »wortlastige« Brüderbewegung dringen Tanz und Theater ein: Auf der Wiedenester Pfingstjugendkonferenz wurde 2002 ein Workshop über Ausdruckstanz angeboten, und auf den Dillenburger Jugendtagen Anfang Mai 2003 wurde vom ProChrist-Schauspieler Eric Wehrlin für Theater in der Gemeinde geworben. In seiner Diplomarbeit über die Relevanz von Freikirchen[167] bedauert Tom Hertig zwar, dass in nur 11% der von ihm befragen evangelikalen Freikirchen getanzt wird, doch auf eine weit höhere Quote wäre er gekommen, hätte er nicht die Ortsgemeinden im konservativen Bern, sondern übergemeindliche Großveranstaltungen gezählt – die wahren trendsettenden Happenings des Evangelikalismus. In Büchern und Zeitschriftenartikeln über Gemeindewachstum und in Diskussionen, wie Gemeinden »lebendiger« werden können, stößt man immer wieder unweigerlich auf das Dreigespann moderne Musik, Theater und Tanz. Man hat den Eindruck, dies sei das unverzichtbare Patentrezept, und Popmusik, Tanz und Theater bildeten eine neue unheilige Dreifaltigkeit, von der man sich in zeitgemäßen Gemeinden Wunder verspricht.

Verändert hat sich seit der Abfassung dieses Buches, dass seinerzeit Wahrheit und Lehre noch höher im Kurs standen und dementsprechend Kunst tatsächlich eine Botschaft oder sogar biblische Inhalte übermitteln sollte. Doch darum geht es heute meist gar nicht mehr. Wir leben mittlerweile in der postmodernen Spaßgesellschaft und für Wahrheit interessiert sich kaum noch jemand. Es geht um Vergnügen, Gefühle und Effekte. Nur noch selten werden in Sketchen biblische Begebenheiten dargestellt, meistens sind es stark humoristisch aufgepeppte Alltagsszenen, und sofern dabei Christen dargestellt werden, wundert man sich, wie wenig sie sich in ihrer Lebensweise von Ungläubigen unterscheiden. Auch der Tanz im christlichen Kontext dient nicht mehr in erster Linie der (vermeintlichen) Anbetung, sondern oft dem Entspannen, dem Sich-näher-Kommen und natürlich dem eigenen Spaß. »Worship-Seminare« werden mit dem Motto beworben: »Spaß am Musizieren – Spaß an Gott.«[168]

Selbst durch besorgniserregende Ereignisse, die einst als Weckruf Gottes verstanden wurden, lässt sich unsere christliche Spaßkultur nicht bremsen. Als am Donnerstag, dem 20. März 2003, der Irakkrieg begann, ging abends bei ProChrist richtig die Post ab: fetzige Gospelmusik stand auf dem Programm; die eigens aus den USA eingeflogenen Gospelsänger sangen sich fast ins Ekstase, der Saal war außer Rand und Band, die Künstler scheinbar kurz vorm Durchdrehen. Zigmal wurde der Refrain

»Ich habe Freude am Preisen des Herrn« (auf Englisch) wiederholt. Doch der Höhepunkt des Abends kam mit der Predigt, in deren Mitte das Theaterstück »Der Tag X« aufgeführt wurde. Eine hysterische Ehefrau wurde dargestellt, die den Verdacht hegte, ihr Mann gehe fremd. Abgesehen davon, dass zentrale Begriffe des Lebens als Christ wie z.B. »sein Kreuz tragen« lächerlich gemacht wurden, tauchte in diesem Stück ein roter Dessous-BH als Beweisstück auf und wurde in allen möglichen Positionen präsentiert und angehalten. Die meisten Zuschauer waren hochgradig amüsiert; nur wenige besorgte Christen äußerten später ihre Skepsis. Dieser peinliche und mit Sünde und sexuellen Inhalten aufgeladene Sketch markierte an jenem denkwürdigen Tag wohl den vorläufigen Tiefststand der christlichen Theaterkultur.

Doch anstatt diesen Trend zu überdenken, werden Theater und Kleinkunst als unentbehrlich für zeitgemäße Evangelisation und Verkündigung hingestellt. In ihrem Buch »Vorhang auf!« verdreht Eva-Maria Admiral zunächst biblische Aussagen: Obwohl der Herr ausdrücklich erklärt, dass er in Gleichnissen spricht, um seine Botschaft vor dem Volk zu verschlüsseln, behauptet sie anhand von Matthäus 13,10-17, Jesus habe Geschichten erzählt, weil das Volk diese besser aufnehmen konnte als »direkte Predigt.«[169] Doch diese Schriftstelle besagt genau das Gegenteil! Dann setzt Admiral Jesu Gleichnisse mit Theaterkunst gleich und lehrt anschließend: »Kunst kann den Menschen dort anrühren, wo die Predigt alleine oft nicht hinkommt.«[170] Die Wahrheit lautet aber: »Der Glaube kommt aus der Predigt« (Röm 10,17), und die Verheißung Gottes ruht einzig und allein auf der direkten, wortbasierten Verkündigung. Allein die Verkündigung hat Gottes Vollmacht, um Herzen zu öffnen. Eva-Maria Admiral behauptet jedoch, die »Predigt allein« sei unzureichend.

Der Ruf der Reformation war ein mehrfaches »Allein ...!« Die Errettung ist *allein* aus Gnade, nicht zusätzlich aus Werken. Der Erretter ist *allein* Christus, keine zusätzlichen Heiligen. Unser Glaube ruht *allein* auf der Bibel, nicht auf zusätzlicher Überlieferung. Und genauso ist es mit der Evangelisation: *Allein* durch das Wort können Menschen zum echten Glauben kommen. Alles andere hat nicht nur keine Verheißungen, sondern nimmt auch Gott die Ehre und macht ihn zum Lügner. Ist hier nicht wiederum eine Reformation fällig? Reformation bedeutet Reinigung und Entfernung von allen unbiblischen Zusätzen, um *allein* auf Gott und sein Wort zu vertrauen. Wann hören wir auf, auf menschliche Vernunftschlüsse zu bauen? Eine Reformation, die Tanz und Theater aus unseren Gemeinden verbannen würde, wäre ein geistliches Aufleben, weil sich diese Künste zwischen Gott und uns geschoben haben.

Auch was Anbetung betrifft, ist eine Reformation nötig. Wir müssen uns wieder klar werden, was Anbetung überhaupt ist und dass wir Anbetung nicht »machen« können, sondern dass sie eine geistliche Frucht aus einem neuen Herzen ist, das Gott erkannt hat. Heute meinen viele, »anbeten heiße, sich in erhabene Gefühle hineinzusteigern, sich durch äußerliche Stimulantien wie entsprechende Musik, Händeklatschen, Tanzen usw. in eine besondere Stimmung hineinversetzen zu lassen. Das ist vollständig heidnisch.«[171] Als Christen warten wir noch auf »die Erlösung unseres Leibes« (Röm 8,23). Deshalb führt der körperbetonte Tanz zu Versuchung, Begierde und Sünde. In der künftigen Erlösung wird es sicher Lobpreis mit »Reigen« geben, wie es in Psalm 150 beschrieben ist. Doch das Warten auf diese kommende Erlösung und Ewigkeit fällt uns in unserer »Hier-und-Jetzt«-Gesellschaft so schwer. Dabei ist dieses Warten gerade die Hoffnung des Christen. Die Gemeinde ist in diesem neutestamentlichen Heilszeitalter dazu bestimmt, in Glauben und Hoffnung auf das Unsichtbare zu leben – wir leben nicht durch Schauen buchstäblicher Dinge, wie es bei Israel der Fall war. Der Trend in der Christenheit geht jedoch zurück zum Alten Testament, zurück zum Schauen und körperlichen Erleben.

Wir können Gott mit unserem Leib jetzt ehren, wenn wir Gottes Schöpfung mit Dank und Ehrfurcht genießen, uns in Keuschheit und Zurückhaltung üben, unser »Fleisch samt den Leidenschaften und Begierden gekreuzigt« haben (Gal 5,24), »Waisen und Witwen in ihrer Bedrängnis besuchen, uns selbst von der Welt unbefleckt erhalten« (Jak 1,27), uns mit Haut und Haar dem Herrn Jesus unterwerfen und zur Verfügung stellen. Dann wird er uns auf seine Weise und zu seiner Ehre gebrauchen und mit einem erlösten Leib in einer neuen, erlösten Schöpfung auferwecken. Dort wird die Freude an ihm und seine Anbetung uneingeschränkt »ganzheitlich« sein.

Anmerkungen

[1] Der dt. Herausgeber empfiehlt hierzu z. B.: Rudolf Ebertshäuser: *Die charismatische Bewegung im Licht der Bibel*, Bielefeld: CLV 1995. Wolfgang Bühne: *Spiel mit dem Feuer*, Bielefeld: CLV ²1991. Thorsten Brenscheidt: *Gott auf charismatisch*, Hamburg: RVB 1997.

[2] Z.B. W.O.E. Oesterley, *The Sacred Dance: A Study in Comparative Folklore*, Cambridge University Press. J.G. Davies (Hg.), *Worship & Dance*, University of Birmingham Institute for the Study of Worship and Religious Architecture, 1975.

[3] Z.B. Paricia Beall & Martha Keys Barker: *The Folk Arts in Renewal,* Hodder & Stoughton 1980. Anne Long, *Praise Him in the Dance*, Hodder & Stoughton 1976. David Watson, *I Believe in Evangelism*, Hodder & Stoughton 1976.

[4] Zitiert in *The Standard Bearer*, Grand Rapids, Michigan 1982.

[5] *The Folk Arts in Renewal*, S. 35.

[6] *Praise Him in the Dance*, S. 8.

[7] *Worship and Dance*, S. 49.

[8] Ebd., S. 50.

[9] Ebd., S. 53, Anspielung auf 1Kor 6,20.

[10] *The Folk Arts in Renewal*, S. 99.

[11] *Praise Him in the Dance*, S. 24.

[12] *The Folk Arts in Renewal*, S. 35.

[13] *Praise Him in the Dance*, S. 19.

[14] Ebd., S. 23.

[15] Ebd.

[16] Ebd., S. 119.

[17] *The Folk Arts in Renewal*, S. 76.

[18] Ebd., S. 18.

[19] Ebd., S. 119.

[20] John Hodgson (Hg.), *The Uses of Drama*, Eyre Methuen 1972, S. 76.

[21] Ebd., S. 80.

[22] *The Folk Arts in Renewal*, S. 35.

[23] *Prolegomena to the Study of Greek Religion*, Harrison, 1908.

[24] John Hodgson (Hg.), *The Uses of Drama*, Eyre Methuen 1972.

[25] Tertullian, *De Spectaculis – Über die Spiele,* 10,3, Reclam 1988, S. 37.

[26] *Encyclopaedia Britannica*, »Dance«.

[27] Plato, *Der Staat*, zehntes Buch, 605c, Philipp Reclam 1982, S. 446f.

[28] Tertullian, a.a.O, 1,3; S. 5.

[29] Ebd., 2,1; S. 7.

[30] Ebd., 2,6; S. 11.

[31] Ebd., 3,1; S. 15.

[32] Ebd., 3,3; S. 15

[33] Ebd., 10,8; S. 39.
[34] Ebd., 17,1; S. 55.
[35] Ebd., 23; S. 71.
[36] Cyprian to Euchratius, *Ante-Nicene Christian Library,* Bd. XI., T.&T. Clark, 1882.
[37] Ebd., Bd. II.
[38] Siehe dazu z. B. Ps 119,37; Jes 33,15; Röm 1,32.
[39] Zitiert in *Hastings Encyclopedia of Religion & Ethics*, Bd. 4.
[40] Augustinus, *Gottesstaat*, Buch II, 13, Kempten: Kösel 1911 (Bibliothek der Kirchenväter: Augustinus, Bd. I), S. 95.
[41] Ebd., Bd. II., 9 (S. 89).
[42] *Bingham's Works*, 1829.
[43] Ebd.
[44] Predigt 311, zitiert in *Worship & Dance*, S. 16.
[45] Isis war eine antike ägyptische Göttin und wurde mit ihrem Sohn Horus verehrt. Ihr Kult verbreitete sich schließlich in Griechenland und Rom und viele römische Tempel waren Isis geweiht. Nach dem Niedergang des Heidentums wurden viele Tempel und Statuen umgeweiht und »christlich umfunktioniert«. Das war natürlich ein tragischer Fehler.
[46] Zitiert in der *Encyclopedia Britannica* unter »Dance«.
[47] Will Durant: Kulturgeschichte der Menschheit, Band 7: Das hohe Mittelalter und die Frührenaissance, München: Südwestverlag 1978, S. 202-204.
[48] Hardin Craig, *English Religious Drama of the Middle Ages*, Oxford at Clarendon Press 1955, S. 15.
[49] Glynne Wickham, *Early English Stages 1300-1660,* Routledge & Kegan Paul 1966, S. 201.
[50] Eine Schlussfolgerung von Enid Welsford in *The Court Masque* (1927), S. 27.
[51] *Early English Stages*, S. 207.
[52] Zitiert in *Worship & Dance*, S. 17.
[53] Margaret Deansley, *A History of the Medieval Church*, Methuen 1925, S. 198.
[54] Zitiert bei Elbert N.S. Thompson, *The Controversy Between the Puritans and the Stage*, Henry Holt & Co., New York 1903.
[55] Hardin Craig, *English Religious Drama of the Middle Ages*, Oxford and Clarendon Press, 1955, S. 363.
[56] *English Religious Drama*, S. 370 und *Early English Stages*, S. 17.
[57] *The Library of Christian Classics*, S.C.M., Bd. 18, S. 308-309; Luther: »Letters of Spiritual Counsel«.
[58] Zitiert in *Early English Stages.*
[59] Die Puritaner waren eine fromme protestantische Bewegung in England mit großer geistlicher, aber auch politischer Bedeutung. Ihr bekanntester politischer Vertreter ist Oliver Cromwell (1599-1658). Sie sind in England nicht zuletzt deshalb in bleibender Erinnerung, weil ihre politischen Vertreter ihrerzeit die Theater schlossen.
[60] Godfrey Davis, *The Early Stuarts 1603-1660.* Oxford [2]1959, S. 342-343.

Diese exzellente und detaillierte Studie verteidigt die Puritaner gegen die Vorwürfe, sie hätten Widerstand gegen jegliche Musik und Kunst geleistet.

61 Ein nur dem König verantwortliches Willkürgericht, bis 1641 in Kraft.

62 Davis, a.a.O., S. 398.

63 Elbert Thompson, *The Controversy between the Puritans and the Stage*, Henry Holt & Co., New York, 1903.

64 *Overthrow of the Stage Players.*

65 *Theatrum Triumphans or A Dicourse of Plays.*

66 Die Restauration war die Wiedereinsetzung der königlichen Dynastie in England (1660) im Anschluss an die Revolution.

67 M.M. Knappen, *Tudor Puritanism*, 1939.

68 Percy A. Scholes, *The Puritans and Music*, Oxford University Press, 1934, S. 5.

69 Siehe John Bunyan, *Pilgerreise*, St. Johannis Druckerei 1998, S. 326.

70 Scholes, a.a.O., S. 69.

71 *History,* S. 400.

72 John Newton: *Cardiphonia.* Der erste von drei Briefen an »Miss Th.«

73 Auch »methodistische Erweckung« genannt, in Amerika die »große Erweckung«.

74 *The Absolute Unlawfulness of the Stage Entertainment fully demonstrated*

75 Die Rede heißt: *An Address to Persons of Fashion Concerning Some Particular Relations to Balls.*

76 *The Sword and Trowel*, Sept. 1879. Das Bibelzitat stammt aus 2Kor 6,17.

77 H. Perkin, *The Origins of Modern English Society.* S. 280.

78 Ian Bradley, *The Call to Seriousness*, Jonathan Cape, 1976, S. 107.

79 Martha Keys Barker and the Fisherfolk, *Building Worship Together*, 1981, S. 15.

80 *Encyclopedia for Religious Knowledge*, Schaff-Herzog, 1891, Bd. 1, S. 601.

81 *The Jewish Encyclopedia*, S. 1262.

82 *Encyclopedia Biblica*, 1899, Bd. 1, S. 998-999, Stichwort »dance«.

83 Prof. J.G. Davis, Hrsg., *Worship and Dance*, University of Birmingham 1975, S. 9.

84 Quellen dieser vier Bedeutungsangaben sind der Reihe nach: *Jewish Encyclopedia, Encyclopedia of Religious Knowledge,* und die Wörterbücher von Oesterley und Young.

85 *Worship and Dance*, S. 9.

86 S.R. Driver D.D., *Notes on the Hebrew Text … of the Book of Samuel*, Oxford at Clarendon Press, 1913, S. 223: »Ob das Wort jedoch wirklich den Sinn von *Tanzen* ausdrückt, ist äußerst zweifelhaft. Heutige Lexikografen verteidigen diese Bedeutung nur mittels fragwürdiger Annahmen …« Driver schlussfolgert, die Bedeutung von 1Sam 30,16 sei, dass die Amalekiter »sich verhielten wie bei einer Pilgerversammlung, d.h. sie jubelten ausgelassen.« Das Hebräisch-Englisch-Wörterbuch von Brown, Driver und Briggs schreibt *hagag* die Bedeutung von tanzen tatsächlich nur für Psalm 107,27 zu – beim Gang des Betrunken!

87 *The Sacred Dance*, S. 50, zitiert aus *Encyclopedia Biblica*, Bd. I., S. 999.

[88] *Encyclopedia for Religious Knowledge*, Schaff-Herzog, 1891, Bd. 1, S. 601.
[89] *Worship and Dance*, S. 8.
[90] Oft wird auch Psalm 87,7 als Beleg für Anbetungstanz herangezogen, doch das ist eine ungesicherte Behauptung. Die Elberfelder Bibel übersetzt zwar: »Singend und den Reigen tanzend werden sie sagen: Alle meine Quellen sind in dir« und folgt damit Keil und Delitzsch in der Ansicht, das hier verwendete Wort stamme von *mahol* ab. Bagster hingegen glaubt, dass es von *halal* abstammt, was »pfeifen oder flöten« bedeutet. So übersetzen andere (z.B. Schlachter): »Man singt und spielt: Alle meine Quellen sind in dir.«
[91] *Worship and Dance.*
[92] Seit dem vollbrachten Werk vom Kreuz ermuntert das Neue Testament den Gläubigen »freimütig« Gott zu nahen (Hebr 4,16; 10,19). Das liegt jedoch nicht etwa daran, dass sich Gott oder die Art und Weise des Hinzutretens und Anbetens geändert haben, sondern was sich geändert hat, ist a) dass nicht nur der Hohepriester oder eine besondere Priesterklasse, sondern jeder Gläubige anbetenden Priesterdienst ausüben kann und b) der Zustand des Gläubigen: Er hat ein neues, wahrhaftiges Herz und ein neues, gereinigtes Gewissen (Hebr 10,22). Derselbe Hebräerbrief, der zu dieser Freimütigkeit auffordert, lehrt auch, der Gläubige soll »Gott wohlgefällig dienen mit Scheu und Furcht« (Hebr 12,28).
[93] Dagobert D. Runes, *The Hebrew Impact on Western Civilisation*, New York, Philosophical Society 1951.
[94] Oesterley, *The Sacred Dance, A Study in Comparative Folklore*, Cambridge University Press 1923.
[95] a.a.O., S. 9.
[96] a.a.O., S. 35-43.
[97] *The Psalms Come Alive*, S. 102.
[98] Martha Keys Barker and the Fisherfolk: *Building Worship together*, 1981, S. 15.
[99] David Watson, *I Believe in Evangelism*, Hodder & Stoughton 1976, S. 140.
[100] *Building Worship Together*, S. 15.
[101] BEC Study Group Report in einer Fernsehsendung 1981.
[102] Michael Buss, *Communication in Evangelism with special reference to Drama*, in einem Schreiben an die Whitefield Fellowship, Nov. 1983.
[103] Hardin Craig, *English Religious Drama of the Middle Ages*, Oxford at Clarendon 1955, S. 20.
[104] Anne Long, *Praise Him in the Dance*, Hodder & Stoughton 1976, S. 23.
[105] Es ist bezeichnend, dass die antiken Fremdbeherrscher des Gelobten Landes, insbesondere die Griechen und Römer, Theater in Palästina bauen ließen, um die jüdische Kultur gezielt zu unterwandern und gottlos werden zu lassen.
[106] In deutschen Bibelausgaben kommt das Wort »Schauspiel« tatsächlich in Lukas 23,48 vor, bei der Kreuzigung Jesu. Das hier verwendete griechische Wort *theoria* bedeutet »Spektakel, Sensation, Sehenswürdigkeit«, wörtl. »das, was man betrachtet«. Es bezieht sich also weniger auf das Ereignis

an sich, als vielmehr auf den Umstand, dass es Aufsehen erregt. Man kann wohl kaum behaupten, dass das Geschehen am Kreuz ein Schauspiel im Sinne von Theater war – das sei ferne –, es war härteste Realität.

107 *Building Worship Together*, S. 15.

108 Diese Zahl ist nur eine Annäherung. Man ist sich nicht ganz einig darüber, was Jesaja tatsächlich verkündigte und was lediglich Gottes Worte an den Propheten sind. Die Zahl gibt jedoch ein Minimum an.

109 John MacArthur zählt in seiner Studienbibel (dt. Ausgabe S. 1088) 13 »zeichenhafte Erfahrungen« Hesekiels auf, davon ist nur die letzte eine Verdeutlichung von Gottes Heil, alle anderen sprechen von Gottes Gericht.

110 *Praise Him in the Dance,* S. 20.

111 John H. Eaton, *The Psalms Come Alive*, A.R. Mowbray & Co. Ltd, 1984.

112 Engl. »Lord Mayor's Procession«, findet alljährlich am 9. November statt.

113 Graham Kendrick, *Anbetung*, Projektion J 1988, S. 78.

114 Sam Keen, *To a Dancing God*, Harper and Row 1970, S. 160. Hervorhebungen hinzugefügt.

115 Burbridge und Watts, *Time to Act*, Hodder and Stoughton 1979, S. 12.

116 Ebd., S. 113.

117 Cyprian an Euchratius, in *Ante-Nicene Christian Library.*

118 Burbridge and Watts, *Time to Act*, Hodder and Stoughton 1979, S. 12.

119 Im engl. Original »Sharks«, was sowohl »Haifisch« als auch »Gauner« bedeutet.

120 *Time to Act*, S. 78.

121 Aktuelle Beispiele aus Dtl.: Auf dem »Christival« 2002 in Kassel wurde eine »Laugh-Parade« (Lach-Parade) mit folgendem Infotext angeboten: »Das Festival für alle, die es lieben zu lachen. Humor, Witz und Spaß ohne Pause … Dabei sind: Jesus Christus, Arno Backhaus, Die Misteln, David Kadel …« (Anmeldezeitung »Die Christival-Zeitung«, S. 9).

Evangelikale Veranstalter organisierten zum Karneval 2003 in Ennepetal »KLUTI«, ein »christliches Comedy- und Musikfestival«: »Good News statt oller Kamelle. Karneval von seiner schönen Seite, lebensfroh, kommunikativ, mitreißend. Für e-fun-gelistische Christen und alle gutgelaunten Menschen von 14-107 Jahren. KLUTI … schlägt eine Brücke zwischen christlicher Comedy und partykompatibler Live-Musik. KLUTI hat 2 Seiten: eine Comedy-Seite mit humorvollen, witzigen und hintergründigen Künstlern zur Straffung der Lachmuskulatur. Und eine Musik-Seite, mit gutgelaunten und schwungvollen Musikern für rhythmusgerechte Ausprägung von Finger-Snapping, Hand Clapping und Foot-Stomping (schnippen, klatschen, stampfen…). Verkleidungszwang? Allenfalls für die auf der Bühne.« [http://www.kluti.de, 17. Februar 2003].

Das »Freitagsfax« berichtet von einem Erlebnis einer Operation-Mobilsation-Mitarbeiterin: »Schweiz: Clowns erreichen Menschenherzen auch ohne Worte. ›Ich stieß beinahe mit einer Frau zusammen und ergriff die Gelegenheit, ihr durch Mimik klarzumachen, dass sie ein wunderbares Lächeln habe. Ihre Lippen begannen zu zittern und das nächste was geschah war, dass wir uns umarmten und sie wie ein Kind schluchzte. Ich zeigte zum Himmel, formte in der Luft mit den Händen ein Herz und streckte es ihr hin. Sie nickte und sagte immer noch weinend in Portugiesisch: Ich weiß, ich weiß …‹ Caroline Bergagard vom ›Global Action Team‹ in Zürich berichtet von einem Versuch, durch Pantomime – also nur durch Gebärdensprache – den Menschen Gott näher zu bringen. ›Wir hatten die Idee, als Clowns verkleidet in Zürich auf den Straßen umherzulaufen und Menschen ohne Worte, nur durch Mimik, zu zeigen, dass Gott sie liebt …« (DAWN-Freitagsfax vom 28.2.2003, verfügbar unter http://www.feg-birsfelden.ch/download/freitagsfax/ff0603_.pdf)

[122] Martha Keys Barker, *Building Worship Together*, Celebration Services 1981, S. 73-76.

[123] Burbridge und Watts, *Lightning Sketches*, Hodder and Stoughton 1981, S. 138-139.

[124] M. Buss in einem Schreiben an die Whitefield Fellowship, Nov. 1983.

[125] *Lightning Sketches*, S. 156-171.

[126] Ebd., S. 142-146.

[127] Steve and Janet Stickley and Jim Belben, *Using the Bible in Drama*, Bible Society 1980, S. 16.

[128] Beide Zitate aus: Anne Long, a.a.O., S. 13.

[129] *Lightning Sketches*, S. 136.

[130] Anne Long, *Praise Him in the Dance*, Hodder and Stoughton 1976, S. 27.

[131] J.G. Davis (Hrsg.), *Worship and Dance*, University of Birmingham 1975, S. 59-61.

[132] G. & R. Lamont, *Move Yourselves*, Bible Society 1983, S. 85.

[133] Ich bin hier zu Dank verpflichtet gegenüber dem exzellenten Werk von Robert H. Mounce. Seine Doktorarbeit mit dem Titel »Der neutestamentliche Herold – seine Mission und Botschaft« (University of Aberdeen, 1958) umfasste auch ein Studium des Wortes *kerysso*. Später wurde eine populäre Version der Doktorarbeit veröffentlich unter dem Titel *The Essential Nature of New Testament Preaching* (Eerdmans Pub. Co., 1960). Alle folgenden Zitate entstammen der Doktorarbeit.

[134] Aeschines in einer Rede gegen Ctesiphon, 4. Jhdt. v. Chr.

[135] Robert Mounce diskutiert diesen Punkt mit großer Sorgfalt. Während C.H. Dodd schließt, dass *kerygma* nicht die Tätigkeit des Predigers ist, sondern das, was er predigt, seine Botschaft (*The Apostolic Preaching and its Developments*, S. 7), behauptet Mounce, dass man die Botschaft des Herolds nie von seiner Tätigkeit des Verkündens trennen könne: »Das *kerygma* ist weder allein der Inhalt noch einfach die Tätigkeit des Verkündens. Es ist die Verkündigung als Ganzes. Es beinhaltet beide Aspekte und kann nicht auf einen von beiden beschränkt werden« (S. 48).

[136] Mounce unterscheidet Lehren und Predigen und behauptet, »Lehren ist das detaillierte erklären dessen, was verkündet wurde« (S. 86). Oder anders ausgedrückt: »Predigen [*kerysso*] ist die Grundlage und Lehren [*didasko*] ist der Überbau« (S. 87). Das ist eine hilfreiche Unterscheidung zwischen Lehren und Predigen.

[137] *The New Testament Herald*, S. 111.
[138] Ebd., S. 258.
[139] Ebd., S. 265
[140] Sam Keen, *To A Dancing God*, Harper and Row 1970, S. 160.
[141] C. René Padilla, »God's Word and Man's Word«, Artikel in *Evangelical Quarterly*, Okt.-Dez. 1981.
[142] Justin der Märtyrer, *Apologie*, Buch I, lxvii. Zitiert in Bettenson, *Documents of the Christian Church*, Oxford University Press 1943, S. 94-95.
[143] Donald Attwater, *St. John Chrysostom*, Harvill Press 1959, S. 42.
[144] Ebd., S. 151.
[145] R.W. Southern, *Western Society & the Church in the Middle Ages*, Penguin Books 1970, S. 280.
[146] Aus der Regel des Franziskanerordens, Quelle: www.san-francesco.org/regola_de.html (Stand April 2003).
[147] Margaret Deansley, *A History of the Medieval Church*, Methuen 1925, S. 221.
[148] David Fountain, *John Wycliffe, the Dawn of the Reformation*, Mayflower Christian Books, S. 65.
[149] Robert Vaughan, *John De Wycliffe,* London 1853, S. 380-381.
[150] Dr. C. Ullman, *Reformers before the Reformation,* T. & T. Clark 1855, Bd. II, S. 59f.
[151] R.R. Madden, *Life & Martyrdom of Savonarola*, Thomas Newby 1853, Bd 1, S. 92.
[152] Ebd., S. 360.
[153] Douglas C. Wood, *Such a Candle*, Evangelical Press 1980, S. 147.
[154] Thomas Morus, Lordkanzler von Heinrich VIII., verhaftete 1530 Thomas Hilton und fand bei ihm Briefe, »geschrieben von hiesigen evangelischen Brüdern an evangelische Ketzer jenseits des Meeres« (auf dem europäischen Kontinent, möglicherweise William Tyndale). Hilton wurde im März 1530 auf dem Scheiterhaufen verbrannt.
[155] Peter Lewis, *The Genius of Puritanism,* Carey Publications 1977, S. 19.
[156] Die Uniformitätsakte sind die 4 Gesetze, die die Einheitlichkeit der englischen Staatskirche gewährleisteten und auf dem »Book of Common Prayer« beruhten, das erstmals 1549 eingeführt wurde, unter der Cromwellschen Presbyterialverfassung jedoch außer Kraft gesetzt war.
[157] Zitiert bei: J. Wesley Bready in *England Before and After Wesley*, Hodder & Stoughton Ltd 1939, S. 19. Zur Beschreibung des Zustands Englands vor der großen Erweckung siehe auch Benedikt Peters: *George Whitefield – Der Erwecker Englands und Amerikas.* Bielefeld: CLV 1998.
[158] Jonathan Swift (1667-1745, Autor von »Gullivers Reisen«), *Project for the Advancement of Religion*, zitiert in *England Before and After Wesley*, S. 164.
[159] J.C. Ryle, *Christian Leaders of the Eighteenth Century.* 1885, neu aufgelegt von Banner of Truth 1978, S. iii.
[160] Ebd., S. 23.
[161] Arnold Dallimore, *George Whitefield*, Banner of Truth 1980, Bd. 2, S. 522.
[162] Ryle, a.a.O., S. 41.
[163] Jack Lawson in *A Man's Life*, zit. in *England Before and After Wesley*, S. 396.

[164] *Christian Leaders of the Eighteenth Century*, S. 267.
[165] Ebd., S. 269.
[166] Zitiert bei Ian H. Murray, *D. Martyn Lloyd-Jones, The First Fourty Years*, Banner of Truth 1982, S. 370.
[167] Tom Hertig: *Wie gesellschaftlich relevant sind unsere Freikirchen heute?* Diplomarbeit am »Institut für Gemeindebau und Weltmission« (IGW), Zürich 2000, www.igw.edu/getfile.php?SN=&sfileID=97.
[168] Z. B. in der Christival-Anmeldezeitung 2002, S. 12
[169] Eva-Maria Admiral und Eric Wehrlin: *Vorhang auf!*, Wuppertal: Brockhaus 1998, S. 17.
[170] Ebd.
[171] Benedikt Peters: *Geöffnete Siegel. Leitlinien der Zukunft im Buch der Offenbarung.* Bielefeld: Betanien 2001, S. 151. Siehe auch vom gleichen Autor: *Ekstase oder Ergebung – Was ist Anbetung?*

Weitere Literaturempfehlungen:

Dan Lucarini: *Worship bis zum Abwinken. Geständnisse eines ehemaligen Lobpreisleiters.* Bielefeld: Betanien 2002.
Adolf Graul: *Rock-, Pop- und Technomusik und ihre Wirkungen* (Arbeitstitel). Herausgabe geplant beim Verlag Mitternachtsruf, Sommer 2003.
Peter Masters: *KraftWort. Gottes Botschaft für eine sterbende Welt.* Berneck: Schwengeler, geplant für Sommer 2003.

Hinweis zur deutschen Ausgabe

Der englische Herausgeber und der Autor haben freundlicherweise erlaubt, die deutsche Übersetzung leicht zu bearbeiten. Die deutsche Ausgabe wurde geringfügig gekürzt, in erster Linie dort, wo es um spezielle Einzelheiten der englischen Geschichte ging, sowie um wenige Passagen ergänzt. Folgende Abschnitte stammen vom deutschen Herausgeber: S. 23: Zitat von Tertullian; S. 31: Zitat von Will Durant; S. 33-34: Zitat von Will Durant; S. 59, 3. Absatz (Außerdem ... schütteln.); S. 77, der Punkt Viertens; S. 87: Hinweis auf Epheser 5,3-4; S. 98, 3. Absatz (Erotische ... 1Kor 10,8); der Titel bzw. das Motto und der letzte Satz von Kapitel 8; sowie die Anmerkungen Nr. 1; 38; 59; 61; 92; 105; 106; 109; 121 und 156.

Buchempfehlung

John MacArthur
Die lebendige Gemeinde
Der Plan des Baumeisters für seine Gemeinde

Betanien Verlag
Paperback, 320 Seiten
ISBN 3-935558-53-8
Euro 12,50 / sFr 21,00

Wie kann eine Ortsgemeinde ein lebendiger und fruchtbarer Organismus sein, als der sie von Gott erschaffen und vorgesehen ist? Wie wird der Bauplan Jesu Christi für seine Gemeinde verwirklicht? Wenn diese Fragen nicht im Mittelpunkt unseres Interesses an Gemeindebau und -wachstum stehen, werden die Ortsgemeinden wohl kaum zur Ehre Gottes sein. Die größte Verantwortung tragen dabei die Leiter der Gemeinde, die vom Herrn der Gemeinde berufen und qualifiziert sein müssen.

John MacArthur, Hirte und Lehrer einer seit Jahrzehnten geistlich florierenden Gemeinde, vermittelt grundlegende Lektionen und Leitprinzipien über die Führung lebendiger, selbstständiger Ortsgemeinden. Sein Buch bietet nicht nur Hirten und Ältesten grundlegendes und praktisches Rüstzeug, sondern allen Mitarbeitern und aktiven Christen, denen es am Herzen liegt, dass die Gemeinde so ist und wächst, wie ihr Herr und Haupt sie will. Besondere Schwerpunkte sind Lehr- und Predigtdienst, die geistliche, charakterliche Befähigung von Leitern und Mitarbeitern, die Betonung von hingegebenem Dienst und Bibelstudium, die Warnungen vor Irrlehre und Abfall, und auch das Thema Gemeindezucht wird behandelt

Weitere Bücher vom Betanien Verlag

Rudolf Ebertshäuser
Fremdes Feuer im Heiligtum Gottes
Der charismatische »Lobpreis« aus biblischer Sicht
Taschenbuch · 126 Seiten · ISBN 3-935558-07-4 · Euro 4,00 / sFr 7,50
Der Autor, selber ehemaliger Charismatiker, untersucht hier, was biblische Anbetung ist, vergleicht sie mit der modernen Lobpreismusik und zieht konsequente Schlussfolgerungen für die Praxis.

Arthur W. Pink
Was ist rettender Glaube?
Paperback · 190 Seiten · ISBN 3-935558-51-1 · Euro 8,50 / sFr 13,50
Pink hat die Bibel ausführlich studiert, um den wichtigsten Unterschied der Welt aufzuspüren: zwischen dem fatalen Irrtum, man sei gläubig und errettet, und wahrem rettenden Glauben.

Benedikt Peters
Der Heilige Geist – Gaben, Werk, Wirkungen
Paperback · 158 Seiten · ISBN 3-935558-58-0 · Euro 7,50 / sFr 12,50
Dieses Buch vermittelt gründlich die biblische Lehre über die Geistesgaben und -wirkungen und prüft gängige Ansichten an der Bibel, korrigiert und erbaut. Ein Anhang mit Fragen zu jedem Kapitel ermöglicht den Einsatz als Bibelkurs.

Benedikt Peters
Der Geist der Erweckung
Die große Erweckung und die charismatische Bewegung
Taschenbuch · 96 Seiten · ISBN 3-935558-02-3 · Euro 4,00 / sFr 7,50
Peters beschreibt Glauben, Botschaft und Vorgehensweise von George Whitefield und Jonathan Edwards – den Predigern der »Großen Erweckung« im Amerika des 18. Jahrhunderts – und vergleicht diese mit dem heutigen Verständnis von Erweckung.

Ken Fleming
Biblische Prinzipien des Gemeindewachstums
Was wir von den Gemeinden des Neuen Testaments lernen können
Paperback · 158 Seiten · ISBN 3-935558-50-3 · Euro 8,00 / sFr 13,00
Eine tiefschürfende und praxisnahe Untersuchung der neutestamentlichen Gemeinden und ihrer geistlichen Kraft. Im Anhang geht es um die moderne Gemeindewachstums-Bewegung.